Jutta Allmendinger

ES GEHT NUR GEMEINSAM!

Wie wir endlich Geschlechtergerechtigkeit erreichen

Corona hat die wahren gesellschaftlichen Verhältnisse wie unter einem Brennglas hervortreten lassen: Männer arbeiten, Frauen arbeiten auch – und versorgen die Kinder. Männer verdienen, Frauen verdienen auch – aber bloß etwas dazu. Teilzeit und Elternzeit sind noch fast immer Frauensache, Führungspositionen und hohe Gehälter Männersache.

Faktenbasiert zeigt Jutta Allmendinger, was in Sachen Geschlechtergerechtigkeit alles (nicht) passiert ist, welche Instrumente etwas bewirkt haben und was passieren muss, damit Frauen endlich auf allen Ebenen gleichberechtigt sind. Ein zorniger, kluger, erfahrungsgesättigter Appell an Politik, Gesellschaft und uns alle.

JUTTA ALLMENDINGER, geboren 1956, ist eine der führenden deutschen Soziologinnen. Sie wurde an der Harvard University promoviert. Von 1999 bis 2002 war Jutta Allmendinger als erste Frau Vorsitzende der Deutschen Gesellschaft für Soziologie. Seit 2007 ist sie Präsidentin des Wissenschaftszentrums Berlin für Sozialforschung (WZB). Für ihre Arbeiten wurde Jutta Allmendinger mehrfach ausgezeichnet, unter anderem mit dem Bundesverdienstkreuz 1. Klasse. 2018 war sie eine der ersten Fellows im Thomas-Mann-Haus in Los Angeles. Seit 2017 ist sie Mitglied im Herausgeberrat der Wochenzeitung DIE ZEIT.

Jutta Allmendinger

ES GEHT NUR GEMEINSAM!

Wie wir endlich Geschlechtergerechtigkeit erreichen

Ullstein

Besuchen Sie uns im Internet:
www.ullstein.de

ISBN 978-3-548-06452-9

1. Auflage 2021
© Ullstein Buchverlage GmbH, Berlin 2021
Alle Rechte vorbehalten
Lektorat: Jana Schrewe, Berlin
Umschlaggestaltung: Büro Jorge Schmidt, München
Umschlagfoto: © David Ausserhofer
Satz: Pinkuin Satz und Datentechnik, Berlin
Gesetzt aus der Scala OT
Druck und Bindearbeiten: GGP Media GmbH, Pößneck

INHALT

WARUM ICH DIESES BUCH SCHREIBE

Anfang Mai 2020. Nach dem ersten umfassenden Corona-Lockdown werden langsam einige Beschränkungen wieder gelockert. Ich sitze in der Talkshow bei Anne Will. Es soll über Konjunkturprogramme, die Abwrackprämie, Frauen diskutiert werden, darüber, wie eine Rezession verhindert oder zumindest abgeschwächt werden kann. Nach einer kurzen Einführung darf ich eine gefühlte Stunde lang zuhören. Mit von der Kamera abgewandtem Zwinkern und Fingerübungen versuche ich Anne Will anzudeuten, dass ich mich auch gerne zur Abwrackprämie äußern würde. Vergebens. Die Männer kommen zu Wort, Robert Habeck, Olaf Scholz, Markus Söder, zudem die VDA-Präsidentin und Lobbyistin Hildegard Müller. Ich ärgere mich. Eigentlich war ich zum Abendessen mit meinem Sohn und seiner Freundin verabredet.

Meine Gedanken schweifen ab. Unvermittelt fragt mich Anne Will: »Frau Allmendinger, hat die Krise Frauen zurückgeworfen?« Mit dieser Wendung habe ich nicht gerechnet. Zurückgeworfen? Das Jahr 1984 ist das erste, das mir in den Sinn kommt. Bericht der Sachverständigenkommission zur Verbesserung der Chancengleichheit von Mädchen. Aus der Ferne habe ich damals daran mitgearbeitet, vor über 30 Jahren, selbst noch keine 30 Jahre alt. In seinen Grundzügen könnte der Bericht auch Anfang Mai 2020 geschrieben worden sein: Frauen als Hauptansprechperson für die Kinder und Zuarbeiterinnen für das Haushaltseinkommen. Das Stück eigenes Leben weit weg. Forderungen wie Teilzeit für Männer, Forderungen nach mehr Führungspositionen für Frauen, nach Abbau von Lohnunterschieden. Ich antworte: »Ja. Die Frauen erleiden eine entsetzliche Re-Traditionalisierung.« Entsetzlich, da sich Lebensentwürfe und -erwartungen der jungen Frauen heute doch deutlich von denjenigen damals unterscheiden und sie eine traditionelle Arbeitsteilung heute als viel schmerzhafter erleben. Ich zitiere die neu erschienenen Studien des Wissenschaftszentrums Berlin für Sozialforschung (WZB), der Hans-Böckler-Stiftung, des Instituts für Arbeitsmarkt- und Berufsforschung (IAB), des Sozioökonomischen Panels zu den Folgen der Corona-Pandemie für Frauen und Familien und berichte von meinen persönlichen Eindrücken aus den vergangenen Wochen. Von toughen Mitarbeiterinnen, die im Homeoffice arbeiten und sich gleichzeitig um ihre kleinen Kinder kümmern müssen, da die Kita geschlossen wurde, und die nun schlichtweg zusammenbrechen. Nichts geht mehr. Jeder Termin bedeutet puren Stress. Abgeleitet für uns alle.

Am nächsten Tag stapeln sich die Medienanfragen. Deutschland hat ein neues Thema. Schon wieder geschieht, was mir nicht unbekannt ist: Ich werde zur Frauen-Sachverständigen. Eine Frau in der Wissenschaft kommt an Frauenfragen kaum vorbei. Eines aber ist in diesen frühen Maitagen anders als sonst. Der Gegenwind fehlt. Kein Spott, keine Drohungen, nichts Übergriffiges. Mehr noch: Kurz danach traf ich mich mit einer Freundin und ihrer ältesten Tochter. Johanna, 24, studiert Jura. Sie ist großartig, gebildet, weiß, wohin sie beruflich will: Botschafterin. Nach dem Mund zu reden ist nicht ihr Ding. »Wir brauchen die Quote, dringend.« Sie erzählt mir von den letzten Prüfungen, von ihren männlichen Kommilitonen, die sich in die Brust werfen und sich gegenseitig versichern, dass mal wieder keine Frau unter den Top 10 bei den Prüfungsergebnissen sei, und von ihrer Freundin, die im Vorbeigehen den Jungs lässig zugeworfen habe, dass hier die Drittbeste komme. Solange selbst junge Männer die Leistungen von Frauen überhaupt nicht sehen oder wahrhaben wollen, solange sie ganz selbstverständlich sich selbst nach vorne stellen, so lange würde sich nichts ändern. Es brauche den Druck durch Quoten. Johanna ist die erste junge Frau in meiner unmittelbaren Umgebung, die bereits vor ihrem Eintritt in den Arbeitsmarkt beherzt die Quote fordert. Aus den Medien weiß ich, es werden immer mehr. Meistens aber müssen Frauen dafür erst einige Jahre erwerbstätig gewesen und Mütter geworden sein. Während der Schul- und Studienzeit fühlen sie sich bärenstark, als junge Mütter erleben sie dann, wie schnell die Männer an ihnen vorbeiziehen. Da tut sich etwas, dachte ich an diesem Abend. Endlich.

Wenige Tage später ein Anruf. »Wollen Sie ein Buch über die Frage der Geschlechtergerechtigkeit schreiben? Eine Streitschrift?« Während ich überlegte, überflog ich einige E-Mails, darunter eine Nachricht von Lena Hipp, meiner wunderbaren Kollegin am WZB und Professorin an der Universität Potsdam. Sie war für einige Wochen mit ihren drei kleinen Töchtern nach Süddeutschland zu

ihren Eltern gezogen, um während des Lockdowns überhaupt arbeiten zu können. Dort erhielt sie die Einladung
zu einer großen Talkshow. Sie sagte gerne zu (nichts von
wegen »Frauen zieren sich«). Allerdings bat sie um Zu-
schaltung, da sie nicht für zwei Stunden nach Berlin und
möglicherweise virenbehaftet zurück zu ihren Eltern
kommen konnte. Kurz darauf wurde sie ausgeladen.
Ich sah mir die Sendung an: Auf dem Podium saß ein
männlicher Ersatz, der selbstverständlich gereist war.

Ich sagte zu, das Buch zu schreiben.

TRADITIONEN

Das Buch wurzelt in meiner Biografie und verbindet meine persönlichen Erfahrungen mit meinen Erkenntnissen als Sozialwissenschaftlerin. Es spannt den Bogen von meiner Großmutter bis zu meiner ungeborenen Enkeltochter. Meine Oma kam im Jahr 1900 zur Welt, mein Enkelkind wird, so mein Sohn heute, »so um 2025« erhofft. Wenn es eine Enkeltochter wird, erlebt Marie, wie ich sie für den Moment nenne, die nächste Jahrhundertwende, hoffentlich. Was sich im Laufe dieser 200 Jahre alles verändert haben wird! Meine Oma war sehr stolz auf ihre *Erika*, mein Opa auf seine *Elektra*. Beides waren Schreibmaschinen, die eine eher klein zum Reisen, die andere groß und laut. Zu meinem zehnten Geburtstag bekam ich eine *Olympia*, meine Dissertation schrieb ich bereits auf einem IBM PC Portable, einem riesigen und schweren Ding. Dieses Buch wird auf einem kleinen, sehr leichten Laptop verfasst. Mein Sohn tippt oft gar nicht mehr, sondern spricht mit seinen Geräten, Marie wird sie vermutlich mit ihren Gedanken steuern. Ein anderes Beispiel: Im Jahrgang meiner Eltern machten 5 Prozent Abitur, in meinem Jahrgang waren es 8 Prozent, bei meinem Sohn 43 Prozent und bei Marie werden es über 70 Prozent sein.[1] Welch eine Veränderung.

Das Familienleben wird heute dagegen organisiert

wie eh und je. Klar, immer mehr Frauen sind berufstätig, finanziell wird für Familien viel mehr getan als früher und auch die außerhäusliche Kinderbetreuung wurde ausgebaut. Die Sorge um Familie, Kinder und Haushalt ist dennoch überwiegend eine Sache der Frauen geblieben. Noch heute wird dies weitgehend mit Präferenzen und Entscheidungen begründet, die Frauen angeblich haben und für ihr Leben treffen. Aussagen wie »Frauen *wollen* Teilzeit erwerbstätig sein« und »Sie sind qualifiziert, *wollen* aber keine Führungspositionen ausüben« liest und hört man ständig. Deshalb werde ich hier die strukturellen, rechtlichen und familienpolitischen Bedingungen für Familien in den Mittelpunkt rücken, die hinter diesen »Präferenzen« und Entscheidungen stehen, und dabei auf meine Erfahrungen, das Leben meiner Familie und maßgebliche Entwicklungen auf dem Arbeitsmarkt zurückgreifen. Außerdem werde ich die kulturellen Zuschreibungen genauer betrachten, die ebenfalls die großen Ungleichheiten zwischen Männern und Frauen erklären können.

MEINE OMA, MEINE MUTTER, MEIN SOHN UND ICH

Ein Jahrhundert, vier Generationen. Es könnten leicht fünf sein, doch ich habe eine Generation übersprungen. Meine Oma und meine Mutter waren 26 Jahre alt bei ihrem ersten Kind, ich 38. Die beiden hatten mehrere Kinder, ich habe eins. Heute ist mein Sohn 26. Die Frau an seiner Seite will, wie auch er, Kinder. »Aber nicht sofort.«

Die Eltern meiner Mutter wurden 1900 geboren.

Sie waren standhaft. Nichts konnte sie erschüttern. In den beiden Weltkriegen hatten sie ihre Angst und ihren Glauben verloren, sich selbst waren sie treu geblieben. Zusammen führten sie einen großen Laden, waren bestens in der Nachbarschaft integriert, hatten viele Freunde. Meine Oma *hands on*, mein Opa im Hintergrund, ein Schöngeist, der die große Literatur liebte und oft auswendig vortrug, ein Leben lang. »Fest gemauert in der Erden / Steht die Form, aus Lehm gebrannt ...« Sie lebten in einem großen Mehrfamilienhaus, das ihnen gehörte.

Meine Oma war ihr ganzes Leben lang berufstätig. Der Laden war ihr Homeoffice, die beiden Kinder liefen nebenher, gemeinsam betreut, zudem hat eine Kinderfrau geholfen. Wäre meinem Opa etwas zugestoßen, finanziell hätte meine Großmutter keine Sorgen gehabt. Auch ihre Netzwerke wären nicht an- oder gar abgerissen. Sie führte kein eigenständiges Leben, sozial und finanziell war sie es dennoch.

Meine Mutter kam 1930 als zweites Kind meiner Großeltern zur Welt. Ihre Jugend wurde durch den Krieg geprägt, die letzten Klassen des Gymnasiums verbrachte sie in einer Notschule in Klagenfurt. Dort machte sie ihr Abitur. Mein Vater war in derselben Klasse. »Er war gut aussehend, brillant und faul. Vokabeln konnte er nicht, auch keine Grammatik. Aber die griechischen und lateinischen Texte deklamierte er fließend, immer stehend, mit seinen 2,03 Metern Körpergröße. Und bekam die besseren Noten.« Meine Mutter erzählte mir diese Geschichte so oft und mit stets derselben Leidenschaft, dass ich immer aufs Neue erleben musste, wie sehr sie das fuchste. »Kind, du machst dir keine Vorstellungen, wie viele Fehler dein Vater gemacht hat. Aber das hat niemanden gestört. Die Lehrer waren geblendet.«

Beide kehrten mit prima Zeugnissen zurück, begannen ihr Studium, er Ingenieurswissenschaft und Architektur, sie Ökonomie. In ihrem sechsten Semester wurde ich geboren. Mein Vater studierte weiter, meine Mutter brach ihr Studium ab. In diesen Jahren lebte die Familie im Haus meiner Großeltern, meine Eltern zogen erst aus, als meine Schwester vier Jahre später zur Welt kam. Auch auf ihrer Geburtsurkunde ist mein Vater noch als Student eingetragen. Meine Mutter kommentierte das später so: »Er schaffte es einfach nicht, seine Diplomarbeit zu schreiben. Hätte ich weiterstudiert, ich wäre schon längst im Beruf gewesen. Ein drittes Kind wollte ich von einem Mann, der Student war, aber nicht.« Als ich zehn Jahre alt war, wurde mein Bruder als Sohn eines nun diplomierten Vaters geboren. Wieder zogen wir um, jetzt in ein großes Haus, andere Stadt, fremde Nachbarschaft. Meine Großeltern lebten nicht mehr um die Ecke und konnten nicht helfen, meine Mutter hatte umso mehr zu tun mit den drei Kindern, ihrem Mann und dem Haus. Ihre Bildung zeigte sich nur noch in ihren breiten Interessen, wenn sie uns bei den Hausaufgaben half und bei den Kreuzworträtseln der *FAZ* und der *Zeit*, die sie in einem Rutsch löste.

Als sie 45 Jahre alt war, starb mein Vater an einem Herzinfarkt. Plötzlich, während der Arbeit. Sie hatte keinen Berufsabschluss, keine Arbeit, keine Nachbarn, die sie stützten. Der Freundeskreis war bis auf ihre Jugendfreundinnen mit dem Tod meines Vaters verschwunden, es waren seine Kollegen, seine Freunde gewesen. Sie bekam keine Witwenrente, da mein Vater sich seine

Rentenbeiträge hatte auszahlen lassen, um das Haus zu finanzieren. Die neu abgeschlossene Lebensversicherung war noch nicht in Kraft getreten. Sie hatte einen 9-jährigen Sohn und eine 15-jährige Tochter daheim, ich war schon ausgezogen. Was dann folgte, war für uns Kinder schwer und für sie noch viel schwerer. Ich zog wieder zurück, sie nahm ihr Studium wieder auf. Aber nichts war wie früher. Sie war wesentlich älter als alle anderen, so recht fand sie keinen Anschluss zu ihren Kommilitoninnen und Kommilitonen. Als Alleinerziehende hatte sie keine Zeit für das Studentenleben, Lerngruppen und Partys liefen ohne sie. Sie wollte schnell sein, wegen ihrer Kinder. Von der Diplomarbeit bekam niemand etwas mit, sie entstand in der Nacht. Sie fand schwer einen Job, trotz frischem, sehr gutem Examen. Und packte es doch. Als sie mit 65 in den Ruhestand ging, hatte sie ihre eigene kleine Rente und das Erbe ihrer Eltern. Finanziell ging es ihr wieder gut. Und doch: Das Leben meiner Großmutter fühlt sich für mich weich an, das meiner Mutter unendlich hart.

Ich wurde 1956 geboren, hinein in den Frieden, hinein in das deutsche Wirtschaftswunder. Fast zwanzig Jahre umgab mich eine heile Welt. Schwimmen, Schule, Freunde, Reisen, Studien, politische Aktivitäten. Dann starb plötzlich mein Vater. Eine halbe Familie. Das Aufwachsen mit meiner Mutter hat mich früh gelehrt, vorauszuschauen, oder besser: das Leben vom Ende her zu denken. Was ist heute zu tun, um auch später Freunde zu haben, finanziell unabhängig, zumindest einigermaßen abgesichert und zufrieden zu sein? Meine Spontaneität habe ich nicht verloren, doch vor allen großen Entscheidungen meines Lebens lege ich eine kleine Pause ein. Ich habe gelernt, dass das Leben oft keine zweite Chance kennt.

Mein Sohn kam 1994 zur Welt. Ich war bereits auf Lebenszeit verbeamtet. Das liest sich sehr glatt, sehr überlegt, sehr geplant, ich weiß. Und doch gab es viele Phasen in meinem Leben, in denen ich verdammt aufpassen musste. Dazu später.

Mittlerweile leite ich seit fast zwanzig Jahren große Institute. Zuerst das IAB in Nürnberg, seit Längerem das WZB in Berlin. Ich war jeweils die erste Frau an der Spitze. Mein Sohn lebt auch in Berlin. Er arbeitet an seiner medizinischen Dissertation, absolviert sein praktisches Jahr. Wir treffen uns regelmäßig. Ein Vergnügen. Ein bisschen schaut er aus wie mein Vater, ein bisschen wie sein Vater, sein Lebensentwurf aber könnte nicht unterschiedlicher sein. Höchstens Teilzeit will er arbeiten, so sagt er seit mindestens zehn Jahren. Nicht erst im Rentnerbus reisen. Freunde besuchen, ein gutes Leben führen. Seit drei Jahren lebt er mit seiner Freundin zusammen, sie studiert Ökonomie. Ihre Eltern sind beide voll erwerbstätig, ihre ersten Lebensjahre verbrachte sie bei ihren Großeltern. Unabhängigkeit ist für die junge Frau eine Selbstverständlichkeit, Kinder sind ihre große Liebe. Die meisten Paare versprechen sich heute eine partnerschaftliche Beziehung, die wenigsten halten das durch. Ich werde sehen, wie es den beiden gelingt.

So weit meine persönliche Geschichte, die bereits alle Aspekte des Buches anreißt. Und doch will, ja muss sie eingeordnet werden in die Sozialstruktur Deutschlands, muss systematisiert und kondensiert werden, um über den Einzelfall hinaus zu zeigen, dass eine Geschlechtergerechtigkeit nur gemeinsam erreicht werden kann.

Gemeinsam mit Partnern, mit der Wirtschaft, mit dem Staat und dessen Politiken. Getragen von einer Kultur, die diesen Entwicklungen nicht entgegensteht oder sie sogar untergräbt.

Betrachten wir also die Lebensverläufe von Frauen und Männern im Spiegel der Statistik und konzentrieren uns zunächst auf die Erwerbsarbeit. Wie hat sich diese im letzten Jahrhundert und bis heute verändert? Welche Unterschiede zwischen Männern und Frauen bleiben bestehen? Wie sind diese einzuordnen?

Als meine Großeltern 1925 im Laden zu arbeiten begannen, lag die Erwerbsquote von Frauen bei knapp 49 Prozent, von Männern bei über 95 Prozent (siehe Abbildung 1). Mehr als ein Vierteljahrhundert später hatte sich an der Beschäftigung von Frauen nichts geändert, die der Männer war um 2 Prozentpunkte gefallen. In den nächsten Jahrzehnten nahm dann die Erwerbsquote von Männern kontinuierlich ab, die der Frauen dagegen stieg stetig. Heute liegt die Erwerbsquote der Frauen bei 72,8 Prozent und die der Männer bei 80,5 Prozent. Ein Unterschied von 46 Prozentpunkten reduziert sich damit innerhalb eines Jahrhunderts auf knapp 8 Prozentpunkte. Man stelle sich vor.

Auf den ersten Blick sieht es so aus, als ob sich Frauen und Männer aufeinander zubewegt haben. Die Beschäftigung von Frauen ist um 24 Prozentpunkte gestiegen, die der Männer um 14 Prozentpunkte gefallen. Aber mit dem zweiten Blick wird klar: Frauen allein haben die Lücke geschlossen. Die Erwerbsquote der Männer nahm vor allem deshalb ab, weil das Bildungs- und Ausbildungssystem expandierte und die jungen Menschen immer mehr Zeit in ihre Bildung und Ausbildung inves-

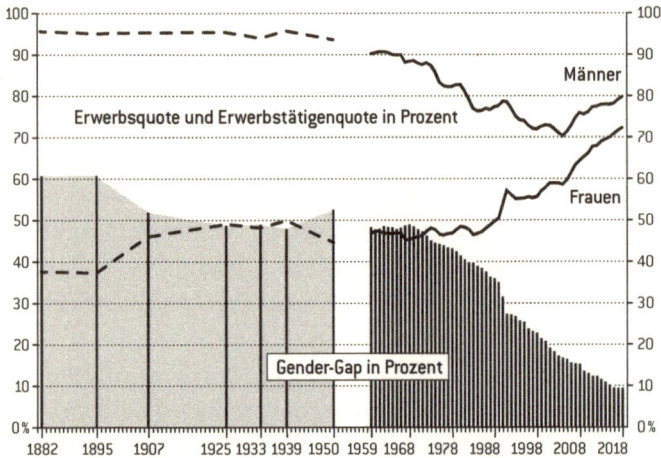

Abbildung 1: Erwerbsquote und Erwerbstätigenquote von Frauen und Männern von 1882 bis 2018[2]

Von 1882 bis 1950 ist die Erwerbsquote im Deutschen Reich und der BRD zu sehen. Von 1959 bis 2018 wird die Erwerbstätigenquote für die BRD, ab 1991 inklusive des neuen Bundesgebiets, abgebildet. Die Erwerbstätigenquote berücksichtigt Personen im Erwerbsalter von 15 bis unter 65 Jahren.

Quellen: Erwerbsquoten (1882-1950): Willms-Herget & Stockmann (2004); Erwerbstätigenquoten (1959-1990): Sensch (2004); Erwerbstätigenquote (1991-2018): Hobler et al. (2020)

tieren. Ihr Erwerbsleben beginnt entsprechend später. Aber auch »hinten« wird der Erwerbsverlauf gekappt, insbesondere durch Vorruhestandsregelungen. In der Mitte des Lebens bleibt bei Männern alles beim Alten. Das ist bei Frauen völlig anders, gerade in diesen mittleren Jahren tut sich bei ihnen besonders viel. Wäre dies nicht so, müsste sich ihre Erwerbsquote aufgrund des längeren Verbleibs im Bildungssystem insgesamt auch verringern, mindestens so stark wie bei den Männern. Das ist aber nicht der Fall, sie ist sichtbar gestiegen. Die Erklärung: Frauen haben besonders von der Bildungsexpansion profitiert, die bei ihnen zu einem massiven Anstieg der Erwerbsbeteiligung von geschätzt mindestens 40 Prozentpunkten führte. Unterm Strich ergeben sich dann die oben berichteten 24 Prozentpunkte.

Während sich also bei Männern in Sachen Erwerbsarbeit in der Mitte des Lebens seit über 100 Jahren wenig geändert hat, haben Frauen ihr Leben massiv umgebaut. Sie haben eine Erwerbstätigkeit aufgenommen, unterstützen ihre Familie finanziell und stärken die Wirtschaft maßgeblich.

Erwerbsarbeit ist nicht gleich Erwerbsarbeit, das wissen wir alle. Beschäftigtenquoten zählen »nur« die Köpfe im Arbeitsmarkt und schweigen über die Art der Arbeit, die Bezahlung, aber auch: die Arbeitszeit. Als ich geboren wurde, waren Frauen im Schnitt 46,1 Stunden in der Woche erwerbstätig, 2018 sind es 30,5 Stunden, das sind also 15,6 Stunden weniger pro Woche. Bei Männern ist die Arbeitszeit von wöchentlich 48,3 Stunden auf 38,7 Stunden gefallen, ein Minus von 9,7 Stunden. Der Vergleich zwischen Männern und Frauen macht deutlich:

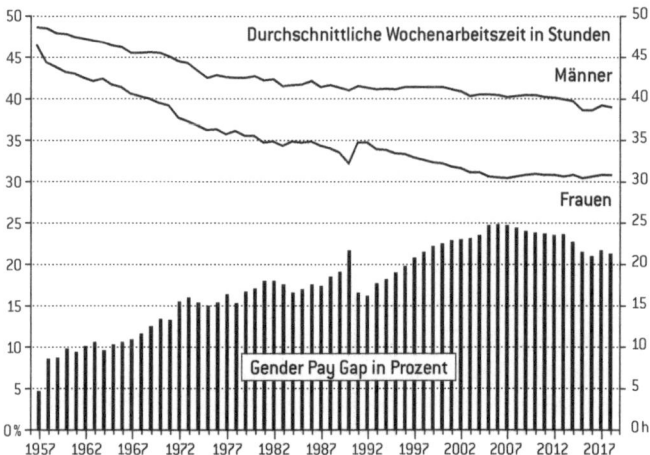

Abbildung 2: Durchschnittliche Wochenarbeitszeiten erwerbstätiger Frauen und Männer von 1957 bis 2018[3]

Zugrunde gelegt wird die normalerweise geleistete Arbeitszeit (inklusive Überstunden) der Erwerbstätigen ab 15 Jahren in der BRD. Somit wird ab 1991 das neue Bundesgebiet mitberücksichtigt.

Quellen: Arbeitszeiten (1957-1990): Sensch (2012); Arbeitszeiten (1991-2018): Hobler et al. (2020)

Wenn eine Frau Mitte des 20. Jahrhunderts erwerbstätig war, dann nur unwesentlich weniger als ein Mann, der Unterschied lag bei wöchentlich 2 Stunden. Über die Zeit wurden es immer mehr Stunden, heute sind es im Schnitt 8,2. Der Unterschied beträgt also mehr als einen ganzen Arbeitstag pro Woche (siehe Abbildung 2)[4].

Was ist geschehen? Bei Frauen ist die Entwicklung klar. Früher waren weniger Frauen erwerbstätig, diese haben mehrheitlich Vollzeit gearbeitet. Sie waren großteils mithelfende Familienangehörige, mussten aus finanziellen Gründen für den Unterhalt ihrer Familien sorgen oder waren alleinstehend. Heute sind wesentlich mehr Frauen erwerbstätig, auch dann, wenn sie Familie haben. Dies entspricht ihren Wünschen, die Technisierung des Haushalts und die Infrastruktur für Kinder machen das möglich. Zudem pocht das 2008 reformierte Unterhaltsrecht auf eine eigenständige Absicherung von Müttern, indem es den Unterhalt zur Betreuung eines Kindes nach der Scheidung auf drei Jahre befristet. Mittlerweile scheinen aber die Grenzen des Machbaren erreicht zu sein. Ein Tag hat nun einmal nur 24 Stunden. Bei den Männern stellt sich die Lage anders dar. Ihre geringere Arbeitszeit ist zuallererst das Ergebnis gesetzlicher und tarifpolitischer Aushandlungen, das Verhältnis zwischen Erwerbsarbeit und anderen Arbeiten hat sich bei ihnen nicht verändert.

Für diese Einordnung sprechen viele Belege. Zunächst die Teilzeitquoten. Im Jahr 1991 haben – bei einer niedrigeren Erwerbstätigenquote als heute – 30,2 Prozent der Frauen in Teilzeit gearbeitet, heute sind es 46 Prozent. Männer dagegen arbeiten selten in Teilzeit.

Im Jahr 1991 waren es 2,1 Prozent, heute sind es 11,1 Prozent. Dies ist ein Anstieg, keine Frage. Allerdings ist der Abstand zu Frauen über die Jahrzehnte größer geworden. Betrug die Lücke 1991 noch 28,1 Prozentpunkte, so sind es heute 34,9 Prozentpunkte.[5]

Die meisten Frauen arbeiten in Teilzeit, weil sie Kinder zu betreuen haben. Bei Männern aber machen weder der Familienstand noch Kinder im Haushalt einen Unterschied. Ihre Erwerbsbeteiligung und ihre Arbeitszeiten sind völlig unabhängig von ihrer familiären Situation.

Noch deutlicher wird der Sachverhalt, wenn wir statt der bezahlten Erwerbsarbeit die unbezahlte Arbeit von Frauen und Männern betrachten, also Tätigkeiten, die man für sich selbst erbringt, wie Essen kochen, Wohnung sauber machen, einkaufen, Termine organisieren. Und Tätigkeiten, die man für andere erbringt, für die Kinder, die Partner, die eigenen Eltern oder Schwiegereltern, für die Gemeinschaft.

Angesichts der kräftig gestiegenen Erwerbsbeteiligung von Frauen bei nahezu konstanten Erwerbsquoten von Männern ist es erstaunlich, dass Männer in den letzten 25 Jahren ihren Arbeitseinsatz für Kinderbetreuung, Besorgungen und Organisatorisches, Kochen, Putzen und Waschen, Reparaturen und Garten so gar nicht erhöht haben. Von Veränderung keine Spur, wie Abbildung 3 sehr deutlich zeigt. Wieder haben sich die Frauen bewegt und sich angepasst. Die Zeit für das Kochen, Putzen, Waschen und Organisatorisches reduzierten sie über die Jahre von 4,5 auf 3 Stunden, die Zeit für die Kinderbetreuung von 2,4 auf 2 Stunden. Insgesamt macht das knapp 2 Stunden pro Tag aus.

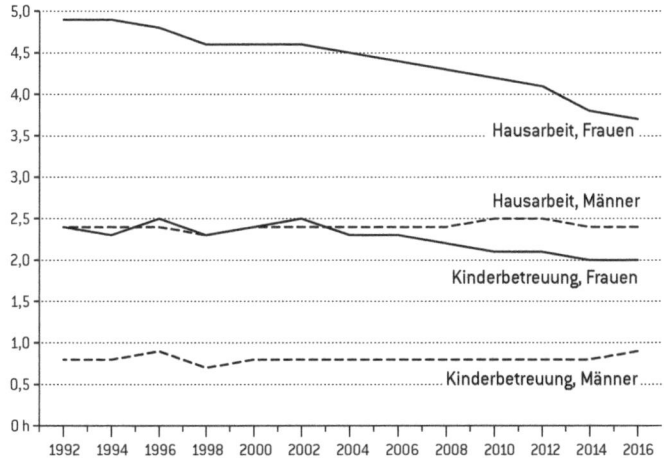

Abbildung 3: Zeitverwendung für unbezahlte Arbeit an Werktagen von Frauen und Männern in Stunden pro Tag von 1992 bis 2016[6]

Hausarbeit umfasst die Tätigkeitsbereiche Besorgungen und Administratives, Kochen, Putzen, Waschen, Gartenarbeit und Reparaturen an und im Haus. Datenquelle: SOEP v33

Quellen: Samtleben (2019) Abb. 2

Meine Großeltern waren beide Vollzeit erwerbstätig. Sie haben ihre Kinder gemeinsam erzogen, eigentlich machten sie alles gemeinsam. Meine Eltern dagegen haben komplett auf Arbeitsteilung gesetzt. Mein Vater übernahm das Geldverdienen, meine Mutter die Familie. Ich selbst lebe das Modell meiner Großeltern und doch ganz anders, dazu komme ich später.

Heute versuchen die meisten Frauen in Deutschland, sich den männlichen Lebensverläufen anzunähern, bauen die Erwerbsarbeit aus, reduzieren die anderen Zeiten. So gut es eben geht. Sie stoßen damit angesichts vieler Hindernisse an ihre Grenzen. Noch mehr Erwerbstätigkeit können sie in verschiedenen Phasen ihres Lebens nicht übernehmen. Noch weniger Familienarbeit geht aber auch nicht. Wenn sich etwas verändern lässt, dann nur gemeinsam. Das heißt aber auch: Endlich müssen sich nun auch die Männer bewegen. Dabei geht es mir nicht darum, dass Männer insgesamt mehr arbeiten sollten. Überhaupt nicht. Das Gesamtvolumen von bezahlter und unbezahlter Arbeit an Wochentagen ist bei Männern und Frauen mit circa 11 Stunden in etwa gleich.[7] Aber die bezahlte und die unbezahlte Arbeit muss gleichmäßiger zwischen Männern und Frauen aufgeteilt werden. Denn anders lassen sich die massiven Einkommenseinbußen, die im Moment ausschließlich von Frauen getragen werden, nicht verringern. Es sei denn, die bislang unbezahlte Arbeit würde bezahlt und sozialversichert werden. Eine Entwicklung in diese Richtung erwarte ich aber nicht. Bis auf einige Notnägel wie die versicherungsfremde Berücksichtigung von Erziehungszeiten in der Rentenversicherung gibt es dafür auch keine Anzeichen.

BURIDANS ESEL

Mit einem uralten Gleichnis lässt sich die heutige sozialpolitische Ausrichtung der deutschen Familienpolitik
wunderbar beschreiben: Buridans Esel steht zwischen
zwei gleich großen und gleich weit entfernten Heuhaufen. Er verhungert schließlich, weil er sich nicht entscheiden kann, welchen er zuerst fressen soll.

Die beiden Heuhaufen stehen für steuerrechtliche
und sozialpolitische Anreize, denen zwei ganz unterschiedliche Prinzipien zugrunde liegen: hier die Hausfrauenehe, dort die erwerbstätige Frau; hier die aus der
Ehe abgeleitete Unterstützung, dort die eigenständige
Absicherung aus Beschäftigung; hier die häusliche Betreuung der Kinder, dort die außerhäusliche Betreuung
auch von kleinen Kindern. Dabei geht es immer um viel
mehr als darum, ob man beschäftigt ist oder nicht. Es
geht um Optionen, Karriereverläufe und Lebensentwürfe. Gerade in Deutschland lassen sich die Weichen nicht
beliebig oft umstellen. Sozialsysteme beeinflussen daher
nicht nur die Beschäftigung hier und jetzt. Die Signale,
die sie senden, wirken sich mittel- und langfristig auf
die gesamte berufliche Laufbahn aus. Das wird oft über-
sehen – und das ist fatal.

Ich selbst befand mich häufig zwischen zwei Heuhaufen, duftend und verlockend zogen sie mich in die
eine und die andere Richtung. Es war nicht einfach, Kurs
zu halten. Bei meiner Oma und meiner Mutter aber waren die beiden Heuhaufen noch gar nicht da. Und bei
Marie werden sie hoffentlich verschwunden sein.

Meine Oma wurde im Kaiserreich groß, erlebte den

Ersten Weltkrieg als junge Frau und heiratete in Zeiten
der Weimarer Republik. Sie war glühende Anhängerin
einer breiten Frauenbewegung, die heftig und schließlich erfolgreich für das Frauenwahlrecht kämpfte. Am
19. Januar 1919 war es so weit, über 80 Prozent der wahl-
berechtigten Frauen gaben ihre Stimme ab, aus dem
Stand zogen 37 Frauen in das Parlament ein, das ent-
sprach 9 Prozent aller Abgeordneten. Es sollte 64 Jahre
dauern, bis Frauen diesen Anteil wieder erreichen konnten. Meine Oma hatte viele Ziele und Werte der Frauenbewegung verinnerlicht und hielt an ihnen fest, auch
über die Jahre des Nationalsozialismus hinweg, den sie
zutiefst verabscheute. Die Weimarer Vision der »Neuen
Frau« erreichte selbst mich noch. Wie oft empörte sie
sich darüber, dass der Gewinn des Wahlrechts für Frauen
runtergeredet, Frauen nur »Weiberkram« zugetraut wurde. Die Bezeichnung kränkte sie dabei mehr als der Um-
stand, dass Frauen andere Ressorts nicht offenstanden.
(Ich war also gut vorbereitet auf Gerhard Schröder und
seine Sprüche über »Familie und das ganze Gedöns«.)
Und wie oft schnitt sie ihrer Enkeltochter den »Bubi-
kopf Weimarer Zeiten«. Erwerbstätig war meine Oma
ihr ganzes Leben lang, nie lockte eine Alternative. Das
lag nicht nur an fehlenden sozialstaatlichen Anreizen.
Vielmehr auch an der gemeinsamen selbstständigen Arbeit mit ihrem Mann im Laden und der Flexibilität, die
ihr das Kindermädchen gab.

Bei meiner Mutter waren die Zeiten ganz andere.
Hineingeboren in die Weimarer Republik, wuchs sie
mit dem Nationalsozialismus auf, dem sich ihre Eltern
mit allen Mitteln entgegenstellten, mit dem Krieg,
wurde mehrfach nach Kärnten »verschickt«, beendete

dort auch die Schule. Mit einer Frauenbewegung kam sie nie in Berührung. Wie sollte sie auch? Es gab sie schlichtweg nicht. Als sie ihre eigene Familie gründete, traf sie auf eine Familienpolitik, die voll ausgerichtet war auf die Hausfrauenehe, die abgeleitete Sicherung durch den Mann, die Vorstellung, nur zu Hause könnten sich Kinder gut entwickeln. Die 1950er- und 1960er-Jahre der neu gegründeten Bundesrepublik Deutschland waren die Blütezeit des männlichen Ernährermodells. Eigentums-regelungen, Eigenheimpolitik und Steuerpolitik dieser Zeit sprechen Bände, ebenso Kindergärten, die mit dem Ziel eingerichtet worden waren, Kinder lediglich für kur-ze Zeit zu »verwahren«, ausdrücklich aber keine Hilfe für Mütter und auch keine Bildungsstätten sein sollten. Bis 1977, ich war schon 21 Jahre alt, hatte der Ehemann das Recht, das Beschäftigungsverhältnis seiner Frau zu kündigen. Erst dann, mit der Ehe- und Familienrechts-reform, wurde die Hausfrauenehe durch den Staat abge-schafft und durch das Partnerschaftsprinzip ersetzt. Für meine Mutter gab es keinen zweiten Heuhaufen. Frei-strampeln konnte sie sich erst viel später, als sie Allein-erziehende war.

Wie der Zufall spielt: Hätte meine Mutter nicht in Mannheim, sondern 500 Kilometer entfernt in Magde-burg gewohnt, wäre ihr Leben von ganz anderen politi-schen Rahmenbedingungen bestimmt worden. In der DDR galt das Modell der Vollzeiterwerbstätigkeit von Frauen und Müttern. Die eigenständig abgesicherte, erwerbstätige Frau wurde als Arbeitskraft dringend ge-braucht. Deshalb wurden sie und ihre Kinder geschützt, nicht aber die Ehe an sich. Eine Unterhaltspflicht des Mannes gab es nicht. Partnerschaftlich angelegt war

dieses Modell aber auch nicht, die traditionelle Aufgabenverteilung im Haushalt wurde nie hinterfragt.
Diese Familienpolitik hat die Menschen in den über 40
Jahren des Bestehens der DDR geleitet und prägt sie
bis heute. Dies belegen die Einstellungen von Frauen
und Männern zu Erwerbstätigkeit und Familie ebenso
wie ihr tatsächliches Verhalten. Ich werde diesen Faden
später wieder aufnehmen, wenn es um die Altersrenten
geht.

Ich selbst hatte lange Zeit kein Interesse an einer
eigenen Familie, erst Ende der 1980er-Jahre, nach der
Promotion, stellte ich mir überhaupt diese Frage. Sollte ich in den USA bleiben? Ich bin dann doch zurück-
gekommen, mit meinem Freund zusammengezogen,
er war Professor in einer norddeutschen Stadt. Mein Arbeitsort aber war Berlin. Ich pendelte, schrieb an meiner
Habilitation und suchte nach einer Prüfungskommis-
sion. Erstmals in meinem Leben spürte ich berufliche
Unsicherheit. In den USA gibt es keine Habilitation.
Nach der Promotion kommt man als Assistant Professor
in ein Tenure-Track-Verfahren mit transparenten Vorgaben, was man für eine Dauerstelle zu leisten hat. Hier
in Deutschland erschien mir alles undurchsichtig, un-
kalkulierbar, vom guten Willen vieler anderer abhängig
und vor allem sehr langwierig. Freunde waren weit über
vierzig, als sie erstmals eine feste Stelle hatten. Andere
waren Privatdozenten ohne Aussicht auf eine Professur.
Es gab nur wenige Professorinnen, ich kannte keine ein-
zige. Zudem war es unmöglich, eine Stelle in der Nähe
meines Freundes zu finden, geschweige denn in derselben Stadt. Ein Paar an der gleichen Universität, ja Fakultät, das bedeutete Vetternwirtschaft. Pfui. Mein Doktor-

vater und seine Frau hatten in den USA Professuren an derselben Fakultät gehabt. Schon immer.

Und Kinder? Aufgrund der Ausbildung und einer sich dahinziehenden Krankheit, mit viel Krankenhaus und viel Therapie, hatte ich diese Entscheidung immer verschoben. Nun aber tickte die viel zitierte biologische Uhr. Ausgerechnet jetzt. Wo alles in der Schwebe war. Immer hatte ich auf den richtigen Zeitpunkt für Kinder gehofft, zu spät stellte ich fest, dass es diesen nicht gibt.

In dieser Situation tauchten die Heuhaufen auf. »Wie wäre es mit einem Job in der Gegend?«, fragte mein Partner. »In der Verwaltung? In der Politik? Das würdest du prima schaffen, die Unsicherheit wäre weg, das viele Zugfahren. Wir hätten ein gutes Leben.« Er meinte es gut. Ich schaute auf die ausgeschnittenen Stellenanzeigen, die er mir hinlegte. Das Heu duftete. Ich dachte an meine Mutter, an all das, was ich in der Wissenschaft so toll fand. »Nein, das mache ich nicht. Ist nicht gut. Für mich nicht, für dich nicht, für niemanden. Das würde ich fürchterlich bereuen. Dir nachtragen.«

Bis heute sitze ich brillanten jungen Frauen gegenüber, die mir erklären, warum sie die angestrebte akademische Laufbahn verlassen und in den wissenschaftsunterstützenden Bereich wechseln werden, auf Stellen, die entfristet sind. Die Vernunft spricht für diesen Schritt. Persönlich fühle ich mich in diesen Situationen verdammt hilflos, versprechen kann ich ja wirklich nichts, nur Zuversicht geben, nur warnen, dass wohl kein Zurück in die Wissenschaft möglich sein wird. Für Wissenschaft und Forschung aber sind diese Strukturen und ihre Folgen verheerend. Denn oft bleiben nicht die Besten im System, sondern jene, die das Risiko nicht scheu-

en, abgesichert sind oder keine Alternativen haben. Auf
diese Effekte wird seit Langem und immer wieder hinge-
wiesen, zuletzt von der Jungen Akademie. In wichtigen
Positionspapieren zeigen sie, wie man diese Strukturen
konstruktiv aufbrechen könnte, zum Wohle aller.[8] Seit
Jahrzehnten haben wir kein Erkenntnisproblem, sondern ein Umsetzungsproblem. Wir müssen handeln.

Ich hatte Glück. Sonst nichts. Völlig überraschend
erhielt ich im Frühling 1992 einen Anruf. »Könnten Sie
sich morgen der Auswahlkommission in München vorstellen?«, fragte ein netter Herr am Telefon. Es war der
Vorsitzende einer Berufungskommission der Ludwig-
Maximilians-Universität München. Ich war in Berlin
und schnitt gerade einen Film über Lebensverläufe und
Rentenerträge. Ja, ich hatte mich beworben. Mein Dok-
torvater in den USA hatte mich auf die Anzeige aufmerk-
sam gemacht. Keine Ahnung, wie er sie gefunden hatte.
Blauäugig sei er, hatte ich ihm gesagt. Ich sei schließlich
in Deutschland, die Habilitation ein Muss. Wir schlossen
eine Wette: Er wettete, ich würde die Stelle bekommen,
ich wettete dagegen. Und wurde prompt aussortiert. Keine Habilitation.

Er hat die Wette dann doch gewonnen. Dank vieler
Zufälle in einem komplexen Berufungsverfahren war
meine Bewerbung wieder aus dem Papierkorb gezogen
worden. Ohne ausgearbeiteten Vortrag, ohne jegliche
Vorbereitung auf die mir völlig unbekannte Fakultät flog
ich wenige Stunden später nach München, ohne Angst,
nur Flucht nach vorn. Ich bekam die Professur und
begann meine Lehre im Wintersemester 1992. Einige
Monate lang arbeitete ich hart am Limit. Ich hatte noch
nie große Vorlesungen gehalten, musste alles neu ent-

wickeln. Zudem hatte ich versprochen, die Habilitation nachzuholen. Und ich wurde schwanger. Im zweiten Semester.

Mit der Schwangerschaft tauchten die Heuhaufen wieder auf, verlockender als zuvor. Sollte ich die Professur unterbrechen, einige Jahre aussetzen? Seit 1986 galt das Erziehungszeitengesetz, das von Heiner Geißler vorangetrieben worden war. Zehn Monate konnte ich aussetzen und 600 DM pro Monat beziehen. Das war doch was. Allerdings hätte ich danach noch mehr als zwei Jahre überbrücken müssen, bis mir ein Kindergartenplatz für meinen Sohn zugestanden hätte. 1993 war ein Gesetz verabschiedet worden, das Kindern das Recht auf einen Teilzeitplatz im Kindergarten ab dem Alter von drei Jahren zusprach. Ich freute mich auf das Kind und hatte dennoch keine gute Zeit. Mein Partner brachte das Thema Heiraten ins Spiel und eine Auszeit. Ehegattensplitting und die verbundenen Steuererleichterungen wären doch eine lukrative Sache. Oje. Gesetzt war dabei immer, dass *ich* unterbreche, *meine* Lohnsteuerklasse ändere. Er war älter, verdiente mehr, war verwurzelter an seiner Universität, irgendwie unverzichtbar. Kein einziges Argument sprach für mich.

Ohne die Zeit in den USA, ohne meine dortigen Professorinnen mit kleinen Kindern, hätte ich anders entschieden. So aber war ich mir sicher. Ich würde weiterarbeiten, weiter pendeln. Es würde gehen, musste es einfach.

Nun, es ging, wenngleich nicht ganz. Die Beziehung hielt nicht, sie war überlastet. Gute Freunde blieben wir immer, und nicht nur wegen des Kindes. Mein Freund, der Vater meines Sohnes, ist vor zwei Jahren gestorben.

Hätte ich ihn damals geheiratet, hätte ich länger unterbrochen, wäre die Ehe gut gelaufen, hätte ich heute einen anderen Job und würde eine stolze Witwenrente beziehen. Bei sehr vielen Frauen lohnt sich der Heiratsmarkt mehr als der Arbeitsmarkt. Auch so ein Heuhaufen.

Deutschland folgte mit seiner sozialstaatlichen Ausrichtung lange dem Modell eines männlichen Haupternährers (*male breadwinner model*): Mütter gehören zu ihren Kindern, erziehen diese, kümmern sich um den Haushalt und halten den Vätern den Rücken frei. Der Mann ist Alleinverdiener. Hat sich an dieser Auffassung etwas geändert? Nicht viel. Zumindest legen finanzielle Unterstützungsangebote des Staates und mangelnde Infrastrukturen für Kinder dies nahe. Das Steuersystem fördert die finanzielle Ungleichheit zwischen Paaren geradezu, da Steuererleichterungen dann am größten sind, wenn die Gehälter weit auseinanderliegen. Die Krankenkassen und Rentenversicherungen erlauben die kostenlose Mitversicherung der Ehepartner, auch das ist eine Menge Geld wert. Geringfügige Beschäftigung, eine gefährliche Form der Teilzeit, ist ein weiteres Beispiel.[9] Man arbeitet, ohne sozialversichert zu sein. Weit über die Hälfte der geringfügig Beschäftigten sind Frauen. Aber auch Halbtagsschulen und fehlende oder schlechte Betreuungseinrichtungen für kleine Kinder halten die Mütter im Haus.

In den letzten Jahrzehnten wurde das Modell des männlichen Hauptverdieners leicht geschwächt, ersetzt wurde es nie. Heute hat Deutschland eine Familienpolitik, die gleichzeitig in zwei Richtungen weist: Neben dem *male breadwinner model* verfolgt sie auch ein Modell, das in der Literatur als *adult worker model* (Jane Lewis)

oder *employment for all model* (Ann Orloff)[10] bezeichnet
wird und auf die Erwerbstätigkeit aller Haushaltsmitglieder im erwerbsfähigen Alter abzielt. Demnach sollen Frauen, auch Mütter, möglichst ununterbrochen in
Vollzeit, zumindest aber in langer Teilzeit erwerbstätig
sein. Sozialrechtliche Ansprüche ergeben sich nur aus
der eigenen Erwerbstätigkeit. Die Existenz als Vollzeit-
mutter und die Betreuung der Kinder zu Hause werden
sozialrechtlich immer weniger anerkannt. Das bereits erwähnte Unterhaltsrecht von 2008 ist ein Paradebeispiel.
Danach müssen Mütter drei Jahre nach der Scheidung
auf eigenen Beinen stehen, sich unabhängig vom Mann
versorgen. Außerdem wurden die abgeleiteten Renten-
ansprüche abgesenkt. Und die außerhäusliche Kinderbetreuung ausgebaut, seit 2013 wird das Recht auf einen
Vollzeit-Kitaplatz für unter Dreijährige gewährt. Auch
die Umgestaltung des Elterngeldes zielt in diese Richtung: Statt eines Pauschalbetrags ist es nun angelehnt an
das letzte Nettoeinkommen, zeitlich auf 12 Monate begrenzt und ausgestattet mit zwei zusätzlichen Monaten,
wenn diese vom Partner genutzt werden.

Folgt die deutsche Familienpolitik damit dem Prin-
zip »anything goes« und unterstützt alle Lebensentwürfe gleichermaßen? Man könnte es fast meinen. Oder
man sieht es kritischer. Denn Frauen erhalten nach wie
vor deutliche Signale, die sich mittel- und langfristig für
sie fatal auswirken können. Zum Beispiel bei Scheidun-
gen, die die Frauen finanziell mit wesentlich geringeren
Einkommen zurücklassen als Männer, der Forschungs-
stand ist eindeutig.[11] Aber nicht nur dann. Die zwittrige
deutsche Sozialpolitik führt für Frauen zu hohen Einkommenseinbußen, flachen Karriereverläufen ohne

Chancen auf Führungspositionen, niedrigen Renten und häufig auch zu Altersarmut.

UND TÄGLICH GRÜSST DAS MURMELTIER

Frank-Jürgen Weise ist ein *good sport*. So streng, gut organisiert, ziel- und prozessorientiert er als Vorstandsvorsitzender der Bundesagentur für Arbeit (BA) war, so gerne lachte er auch. Während meiner Zeit als Direktorin des IAB konnte ich dieses Lachen bei jedem Neujahrsempfang erleben, und auslösen.

Als Running Gag hatte ich mir angewöhnt, die Beschreibungen des Chefs der BA und der Chefin des IAB, die übers Jahr in den Medien erschienen waren, zum Besten zu geben. Dabei tauschte ich jeweils die Namen Weise und Allmendinger aus und präsentierte beim Empfang ein Best-of. »Als Chefin kann die sonst so fröhliche Frau auch Härte zeigen«, schrieb man zum Beispiel gerne über mich. Interessant. Wie soll ich führen ohne Härte? Kann eine sonst so ernste Frau eher Härte zeigen? »Als Chef kann der sonst so fröhliche Mann auch Härte zeigen« hörte sich in der Tat sehr putzig an. Frank-Jürgen Weise prustete. Würde man über einen Mann überhaupt schreiben, dass er fröhlich ist?

Das ist 15 Jahre her. Wenn ich mir heute Artikel über Frauen in Führungspositionen anschaue, über Valerie Holsboer, Janina Kugel, Sandra Richter, Birgitta Wolff, Sigrid Nikutta oder Jennifer Morgan, so lesen sich diese noch immer ganz anders als Artikel über Valentin, Jan, Sascha, Berthold, Siegfried oder Jens. Mehr noch. Wenn Sandra Richter, eine angesehene Germanistin und Direktorin des Literaturarchivs in Marbach, im Jahr 2020 von einem Journalisten als »Lufthansa-Germanistin« bezeichnet wird, um sie damit zu diskreditieren, ihre Kontakte, ihre Internationalität, zeigt das, wie still die Welt steht. Würde man den Germanisten Peter Strohschneider, ehemaliger Präsident der Deutschen Forschungsgemeinschaft, als »Lufthansa-Germanisten« bezeichnet haben? Würde man den Bericht über einen Chef der DB Cargo mit »Der Verkäufer« überschreiben, oder ist das doch der Chefin Sigrid Nikutta vorbehalten? Weil »Die Verkäuferin« einfach so gut auf Frauen passt?

Bilder über Frauen und über Männer haben sich wenig verändert – viel weniger als die Sicht von Frauen und Männern auf sich selbst, ihre Erwartungen und Wünsche. Ein Beispiel: Finanzielle Unabhängigkeit, die Übernahme von Verantwortung, eine gute Ausbildung sind Werte, die Frauen und Männern gleichermaßen wichtig sind. Fragt man aber Männer über Frauen, so wird die Wichtigkeit dieser Werte systematisch unterschätzt. Und überschätzt, wenn man Frauen über Männer befragt.[12] Hinzu kommt: In beiden Gruppen, bei Frauen wie bei Männern, finden sich Menschen, die ganz anders denken. Oft sind die Unterschiede innerhalb einer Gruppe größer als die zwischen Gruppen. Wir sollten uns also davor hüten, von *den* Frauen oder *den* Männern zu sprechen. Und wir sollten nicht anhand vermeintlicher Gruppenmerkmale entscheiden.

Genau das tun wir aber immer wieder.

Untersuchungen über Auswahlverfahren bei der Stellenbesetzung ergeben, dass Kinder im Haushalt einen deutlichen Unterschied machen.[13] Kinder werden von potenziellen Arbeitgebern schlicht gleichgesetzt mit vermuteten Ausfällen, geringerer Produktivität, weniger Arbeitseinsatz. Die Studien belegen auch, dass nur die Mütter deshalb Nachteile erwarten müssen: Sie werden seltener zu Vorstellungsgesprächen eingeladen als Frauen ohne Kinder und Männer mit und ohne Kinder. Ganz offensichtlich werden Mütter gegenüber Vätern diskriminiert. So sieht es also aus in unserem Land: Kinder bleiben Sache der Frau.

Das ist nicht alles. Lena Hipp und ihr Team können auch nachweisen, dass Arbeitgeber nicht nur davon ausgehen, dass sich Mütter mehr durch Kinder »aufhalten« lassen als Väter.[14] Sie *sollen* das auch tun. Hier ist sie wieder, die Erwartung an Mütter: Sie sollen für viele Monate ihre Erwerbsarbeit unterbrechen, sie sollen sich ganz dem kleinen Kind widmen. Die Daten belegen, dass Mütter, die zwei Monate Elternzeit nehmen, seltener zu einem Vorstellungsgespräch eingeladen werden als Mütter mit zehn Monaten Elternzeit. Bei Vätern dagegen ist es unerheblich, ob sie zwei oder zehn Elternmonate aussetzen. Das heißt: Kurze Unterbrechungen von Müttern werden nicht belohnt, nicht gleichgesetzt mit Motivation, Organisation, Arbeitseinsatz. Sie stehen für vermeintliche Kaltherzigkeit, Skrupellosigkeit, blanken und völlig überzogenen Ehrgeiz. Geht's noch?

Denn diese langen Unterbrechungen führen dann zu genau den Zuschreibungen, die die Karriere ausbremsen: fehlendes Interesse am Job, fehlender Einsatz, kein Biss. Wie auch immer Mütter ihre Erziehung anlegen, es wird zu ihrem Nachteil. Die Wahl zwischen Skylla und Charybdis. Für viele Mütter aber das Schlimmste: Ihre individuelle Einstellung, Motivation und Qualifikation interessieren nicht. Sie werden in Gruppenhaft genommen.

Ob man sie als Helikopter- oder Rabenmütter ab-
stempelt, Frauen werden nicht nur in Bezug auf Kinder
im Erwerbsleben anders bewertet als Männer. Auch Zuschreibungen wie Leistungsfähigkeit, Führungsvermö-
gen und Exzellenz werden stark durch die Gruppenmit-
gliedschaft bestimmt.[15] So gehen die meisten Menschen
noch immer davon aus, dass anspruchsvolle Arbeiten
eher von Männern als von Frauen erledigt werden
können. Der Schlüssel liegt in der Exzellenz. Sie wird
Frauen viel seltener zugesprochen als Männern.[16] Und
Leistungsvermögen? Auch hier wird Männern viel mehr
zugetraut als Frauen. Verhandlungsgeschick? »Nein,
eher nicht. Das sieht man doch, wenn es ums eigene Einkommen geht. Frauen reden eben nicht gern über Geld.«
Wärme und Teamfähigkeit? »Ja, das ist typisch Frau«, so
heißt es.[17]

All dies habe ich selbst mehrfach erlebt. Vor vielen
Jahren wurde ich sehr kurzfristig zu einer Anhörung
für eine Position gebeten. Ich hatte mich nicht beworben. Der Anruf kam zur Unzeit. An eine Vorbereitung
war nicht zu denken. Abzuwinken wäre mir »typisch
Frau« vorgekommen. Frauen haben kein Interesse an
Führung? Nein, dieses Klischee wollte ich nicht füttern.
Ich fuhr zu dem Gespräch. Und war mit mir zufrieden.
Als ich wenig später den Anruf erhielt, dass man den
Job jemand anderem anbieten würde, war ich weder
überrascht noch enttäuscht. Es war keine Position, der
ich entgegengefiebert habe. Auch hatte ich mir schon
gedacht, dass eine Frau einfach gehört werden musste,
ich kannte ja das Quotengeschäft. Frauen müssen zu
Bewerbungsgesprächen eingeladen werden, die Positionen selbst sind nicht quotiert. Die Begründung aber war

und ist bemerkenswert. Nach einigen lobenden Sätzen war zu hören: »Sie müssten ja viele Männer führen, das ist außerordentlich schwierig. Der andere Kandidat hat es als Mann viel einfacher, wir haben uns daher für ihn entschieden.« Wenn ich eines weiß: Wie ein unsicheres Häschen trete ich nicht auf. Am IAB und WZB habe ich zeitweise nur Männer geleitet. Man wusste, dass ich das kann. Und wenn man es nicht gewusst hat, wenn man einer Frau grundsätzlich nicht zugetraut hat, Männer zu führen? Warum wurde ich dann eingeladen? Nur wegen der Quote? Wollte man am Ende sogar freundlich sein und hat den eigentlichen Grund für die Absage verheimlicht?

Es kann gut sein, dass die Entscheidung damals mit anderen Faktoren zu tun hatte, mit strategischen Überlegungen etwa, gut nachvollziehbar, sofort zu akzeptieren. Das »Nein« wäre völlig okay gewesen, hätte ich nur gewusst, warum. Ich teile die Erfahrungen vieler Frauen auf dem Weg in Spitzenpositionen. Meistens treffen wir auf Mangel an Respekt, Fehlen von Vertrauen, Verweigern von Augenhöhe und Stereotypisierung von Stereotypen:

Einen Mangel an Respekt habe ich immer dann empfunden, wenn es eigentlich gar nicht um mich ging, jede Ernsthaftigkeit fehlte. Man wollte mich nicht wirklich prüfen, meine Fähigkeiten einschätzen. Für die Betroffenen ist das zynisch, man wird zur Protokollnotiz. Will man Stereotypisierungen abbauen, muss man Frauen zumindest an- und zuhören. Nur dann kann man erkennen, was sie können.

Augenhöhe wurde mir dann verweigert, wenn meinem Gegenüber der Mut oder die Bereitschaft fehlte, mir eine ehrliche Rückmeldung zu geben. Ich fühlte mich dann klein, nicht satisfaktionsfähig. Scheinheilige Rückmeldungen bohren, verunsichern und beschädigen über den Tag hinaus.

Respekt, Vertrauen, Augenhöhe werden Frauen oft verweigert, weil man sie nicht ernst nimmt, sie stereotypisiert. Hinzu kommt eine besonders vertrackte Form der Stereotypisierung, die Stereotypisierung der Stereotype. Ständig fragen sich Frauen, ob ihr Verhalten nun »typisch Frau« sei. Und steuern dann gegen. Bei jeder Verhandlung frage ich mich das, in den meisten Interviews mit Spitzenfrauen lese ich Entsprechendes. Immer ist der imaginierte Mann der Maßstab. Frauen reagieren auf Stereotype, möchten diese widerlegen und verlieren ihre eigentlichen Interessen dabei aus den Augen. Am Ende bilden sich dadurch gar neue Stereotype. Frauen sollten sich nicht verbiegen.

Vertrauen habe ich immer dann vermisst, wenn man von mir Nachweise verlangte, die ich gar nicht erbringen konnte, und Anhaltspunkte unterdrückte, die zumindest nahegelegt haben, dass ich es können würde. Will man Stereotypisierungen abbauen, brauchen Frauen einen Vertrauensvorschuss.

Führungspersonen zu rekrutieren ist schwierig, keine Frage. Ich bin eine Quotenfrau, befürworte Quoten, finde es richtig, Frauen auch dann anzuhören, wenn ihre Bestellung wenig wahrscheinlich ist. Dabei darf aber auf Respekt, Vertrauen und Augenhöhe nicht verzichtet werden. Das würde allen Beteiligten helfen. Zumal ich selten erlebt habe, dass Männer etwas gegen mich persönlich gehabt hätten. Es ging nicht um mich, man kannte mich ja meist nicht. Es ging um Macht. Es ging um mein Geschlecht. Darum, dass Männer Männer besser kennen, wissen, wie diese ticken. Oder Männer kennen, die wiederum Männer kennen. Viele konnten den stabilen Blasen ihrer Vorurteile nicht entkommen. Die wenigsten Menschen können das, Männer wie Frauen. Auch ich bin mit den Kategorien männlich und weiblich aufgewachsen und klassifiziere entsprechend. Wenn man das aber über sich weiß, lohnt es sich, ein zweites und drittes Mal genauer hinzuschauen, sich Zeit zu nehmen, Zeit zu geben. Wir wissen, dass das geht.

Bis heute beginne ich einige Vorlesungen und Vorträge mit dem IAT, dem Implicit Association Test. Die Anordnung ist einfach. Es werden zwei Listen gezeigt. Auf der ersten Liste finden sich Männer- und Frauennamen, auf der zweiten Liste verschiedene Tätigkeiten, die mit der Familie und dem Beruf zu tun haben. Im ersten Testdurchgang geht es um die Geschwindigkeit, mit der die Männernamen den beruflichen Tätigkeiten zugeordnet werden (alternativ die Frauennamen den familiären Tätigkeiten). Im zweiten Durchgang sollen dann Männernamen den familiären und Frauennamen den beruflichen Aktivitäten zugeordnet werden. Da es mir in den Veranstaltungen nicht auf eine exakte Messung der Reaktionsgeschwindigkeit ankommt, lasse ich die Teilnehmerinnen und Teilnehmer einfach klatschen und nehme in beiden Durchgängen die Zeit. Das Ergebnis ist so erwartbar wie frappierend. Die Assoziation von Mann und Beruf erfolgt wesentlich schneller als die Assoziation Mann und Familie. Über die Jahre schnitten weder meine Studierenden noch ich in dem Test viel besser ab. Das Muster sitzt fest in unserem Gehirn. Es kann sich erst ändern, wenn sich die Realitäten geändert

haben. Wenn wir eine Gesellschaft haben, in der Män-
ner- und Frauenwelten weniger weit auseinanderliegen.

In den letzten Jahrzehnten hat sich vieles getan, ich
sehe das durchaus. 1994 gab es im Münchner Kollegium
der LMU nur sehr wenige Frauen, geschweige denn eine
junge Mutter. Als ich nach der Geburt meines Sohnes
sehr früh wieder mit der Lehre begann, war mein kleiner
Säugling oft dabei, begleitet von meiner Mutter. Von stö-
rendem Gequäke keine Spur. Dennoch fanden die jungen Frauen das nicht toll. Eher verantwortungslos und
schlecht für das Kindeswohl. Das wäre heute anders.

Frauen müssen lernen, aktiv gegen Zuschreibungen
anzugehen. Sie tun sich oft schwer, das für sich selbst zu
tun, ich weiß. Doch Frauen sollten sich auf jeden Fall der
Solidarität untereinander sicher sein.

MIND THE GAP

Rein statistisch gesehen, ist mein Lebensverlauf für eine
Frau und Mutter ziemlich untypisch. Die Erwerbstätigkeit wurde nie unterbrochen. Nie Teilzeit. Dafür Führungspositionen. Bald eine gute Pension. Es ist das, was
wir als Normallebensverlauf bezeichnen. Es ist die Blaupause der deutschen Sozialpolitik. Es ist der Lebensverlauf eines Mannes und Vaters.

Für Frauen ist dieser Standard nicht gemacht und
nicht gedacht. Zumindest nicht nach der Ausbildung.
Auch wenn zunächst alles glattgeht. Unterschiede im
Bildungsstand von Frauen und Männern sind längst
aufgeholt, die schulischen Leistungen entsprechen sich.
Heute sind Frauen sogar einen Tick besser als Männer.

Auch in der Ausbildung zeigen sich keine Unterschiede, zumindest was die Dauer betrifft. Zu den Inhalten komme ich später. Die nächste Etappe, der Eintritt in den Arbeitsmarkt, verläuft ebenso im Gleichschritt.

Und dann kommen die Kinder. Sie ändern alles. Mütter kümmern sich um die Erziehung der Kinder, setzen in ihrem Job aus, oft viele Monate lang, die meisten Väter unterbrechen überhaupt nicht. Nach den Erziehungszeiten kehren die Mütter in ihren Job zurück, aber vor allem in Teilzeit, in Vollzeit wäre das Leben nicht zu managen. Wie auch? Angesichts der Öffnungszeiten von Kitas, von Teilzeitschulen, von langen Ferien. Und so vielem mehr. Nur jeder zehnte Mann arbeitet in Teilzeit, obgleich auch sie mehrheitlich partnerschaftliche Familienmodelle wollen. Doch die meisten Arbeitgeber können Teilzeit nicht leiden. Beförderungen in Teilzeit sieht man selten. Wenn überhaupt, dann geht es höchstens ins mittlere Management, auf *mummy tracks*, wie diese Pfade passend genannt werden. Spätestens im Rentenalter erhalten die Frauen die Quittung. Im Schnitt ist ihre Altersrente nur etwa halb so hoch wie die der Männer. Auch das ist eine Folge von langen Phasen in Teilzeitarbeit.

Das sind sie also, die vielen Lücken. Der Gender Pay Gap, die Lohnlücke zwischen Männern und Frauen. Der Gender Care Gap, die Unterschiede in der Zeit, die Frauen und Männer mit unbezahlter Arbeit verbringen. Der Gender Position Gap, die geschlechtsspezifischen Anteile bei den Führungspositionen. Und letztlich der Gender Pension Gap, eine traurige Statistik, die zeigt, wie gering die Altersrenten von Frauen im Vergleich zu denen von Männern sind. Die allermeisten Frauen kennen mindestens eine dieser Lücken und können den anderen dann schwer entkommen.

Rote Handtaschen

Der Gender Pay Gap ist die Differenz der durchschnittlichen Bruttostundenverdienste von Männern und Frauen im Verhältnis zum Bruttostundenverdienst der Männer. Diese Lücke liegt heute bei 20 Prozent.[18] In den Statistiken finden sich Angaben seit 1995. Damals lag der Gender Pay Gap bei 21 Prozent. Seit 25 Jahren hat sich also nichts getan. Trotz vielversprechender Worte von Gewerkschaften, Bundesregierung und Europäischer Kommission. Trotz europaweiter Aktionstage an den jeweiligen Equal Pay Days. Diese stehen symbolisch für den Tag im Jahr, bis zu dem Frauen quasi umsonst arbeiten, während Männer schon ab dem 1. Januar für ihre Leistung einen Lohn bekommen. Als Zeichen des Protests werden an diesem Tag vielerorts rote Handtaschen getragen – Frauen schreiben rote Zahlen und haben wenig Geld in der Tasche.

Der Gender Pay Gap und der entsprechende Equal Pay Day sind merkwürdige Konstrukte. Man weiß nicht recht, wo man ansetzen soll, vielleicht ändert sich auch deshalb so wenig. Das hat drei Gründe: Der Berechnung zugrunde liegt der Stundenlohn. Die bei Frauen niedrigeren Arbeitszeiten spielen also keine Rolle. Dadurch wirkt der Gender Pay Gap nicht so gravierend, die tatsächliche finanzielle Ungleichheit zwischen Männern und Frauen ist viel größer. Um abzubilden, was Frauen und Männer in der Tasche haben, müsste man daher den Gender Income Gap ausweisen, da Unterschiede im

Monatseinkommen viel aussagekräftiger wären. Zweitens lassen sich die Werte nicht als ungleiche Bezahlung
von gleicher oder vergleichbarer Arbeit interpretieren.
Verglichen werden ja alle Tätigkeiten, die alle erwerbstätigen Männer und Frauen erbringen. Wir brauchen
eine Statistik, die die Diskriminierung von Frauen so
genau und gesichert wie möglich beschreibt, den *(un-)*
equal pay for comparable work, die gleiche Bezahlung für
vergleichbare Arbeit. Damit ließe sich ein viel größerer
Druck aufbauen. Wenn wir aber weiter den Gender Pay
Gap verwenden, so brauchen wir, drittens, zumindest
eine Zielgröße, eine Orientierung, wie der Pay Gap denn
geschlossen werden sollte. Indem alle Frauen wie Männer werden? Deren Erwerbsverläufe, Tätigkeiten und Positionen einnehmen? Oder umgekehrt, indem Männer
wie Frauen werden? In diesen Alternativen wird meist
gedacht, alle statistischen Verfahren zur Berechnung
des sogenannten korrigierten Gender Pay Gaps gehen
so vor. Man nimmt den Bruttostundenverdienst und
rechnet dann alle Unterschiede zwischen Männern und
Frauen heraus, wie Branche, Tätigkeit, Firmengröße,
Bildung, Dauer der Beschäftigung und vieles mehr. Auf
diese Weise reduziert man den unkorrigierten Gender
Pay Gap von 20 Prozent auf einen korrigierten Gender
Pay Gap, der umso niedriger liegt, je mehr Faktoren man
herausrechnet. Meistens wird eine verbleibende Lücke
von 6 Prozent ausgewiesen, das Institut der deutschen
Wirtschaft kommt auf einen Unterschied von nur 3 Prozent. Ob der Rest dann das Ausmaß der Diskriminierung
beschreibt, ist hochumstritten. Viel wichtiger erscheint
mir aber die Frage, zu welchen persönlichen und gesellschaftlichen Kosten Frauen überhaupt diese männlichen

Erwerbsverläufe erreichen könnten. Machen wir uns da nicht etwas vor? Führen wir Frauen nicht vor?

Windeln, Wohnen, Planen

Der Gender Care Gap bezeichnet die geschlechtsspezifische Lücke im zeitlichen Aufwand für unbezahlte Sorgearbeit.[19] Dazu gehören sämtliche Arbeiten im Haushalt und Garten, die Pflege und Betreuung von Kindern und Erwachsenen sowie ehrenamtliches Engagement und unbezahlte Hilfen für andere Haushalte. Der Gender Care Gap liegt 2019 bei gut 52 Prozent. Pro Tag verwenden Frauen also durchschnittlich 52 Prozent mehr Zeit für unbezahlte Sorgearbeit als Männer.[20] Umgerechnet sind das 87 Minuten täglich: Männer verrichten im Schnitt 2 Stunden und 46 Minuten unbezahlte Sorgearbeit, Frauen 4 Stunden und 13 Minuten.[21] Diese Werte schwanken beträchtlich, je nach Lebensphase und Familienkonstellation. In Paarhaushalten mit Kindern beispielsweise liegt der Gender Care Gap bei 83 Prozent. Mütter leisten täglich 2 Stunden und 30 Minuten mehr Care-Arbeit als Väter. Die Werte unterscheiden sich aber auch darin, ob man von direkter Care-Arbeit oder unterstützender Care-Arbeit spricht. Direkte Care-Arbeit meint die Kinderbetreuung sowie die Sorge und Pflege erwachsener Haushaltsmitglieder. Unterstützende Care-Arbeit umfasst alle Tätigkeiten im Haushalt, Ehrenamt und die Hilfe für andere Haushalte. Wenig überraschend verrichten Frauen im Vergleich zu Männern mehr als doppelt so viel direkte Care-Arbeit, der Wert schnellt hoch auf 108 Prozent. Bei der unterstützenden Care-Arbeit sind es 47 Prozent.

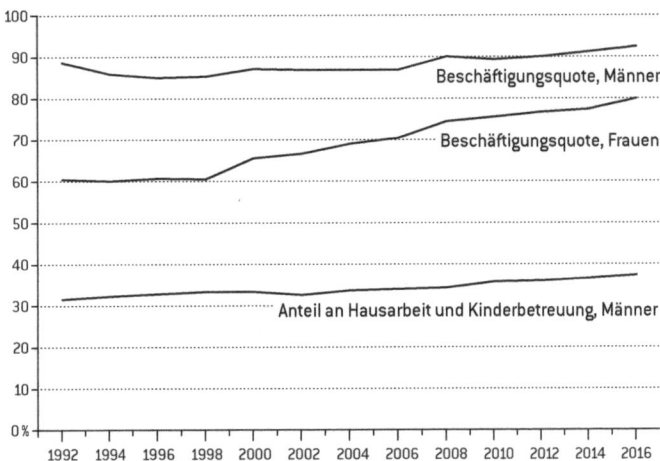

Abbildung 4: Entwicklung von Erwerbsarbeit und Hausarbeits-beteiligung in Prozent von 1992 bis 2016[23]

Anteil an der Hausarbeit und Kinderbetreuung von Männern in Paarbe-ziehungen wochentags (Montag-Freitag); umfasst die Tätigkeitsbereiche Kinderbetreuung, Besorgungen und Administratives, Kochen, Putzen, Waschen, Gartenarbeit und Reparaturen an und im Haus. Datenquelle: SOEP v33

Quellen: Samtleben (2019) Abb. 1

Schauen wir wieder, was sich im Laufe der Zeit verändert hat. Abbildung 4 zeigt den Anteil der Sorgearbeit
von Männern im Vergleich zu Frauen (untere Linie).[22]
Im Jahr 1992 liegt dieser Anteil bei 31 Prozent, 2016 bei
37 Prozent. Auf den ersten Blick also ein vorsichtig positives Ergebnis. Doch dargestellt ist auch, wie sich die
Beschäftigung von Männern und Frauen entwickelt hat.
Und so wird deutlich, dass der starke Anstieg bezahlter
Arbeit von Frauen mit einem nur sehr niedrigen Anstieg der unbezahlten Arbeit von Männern einhergeht.
Außerdem zeigt sich der zarte positive Trend nur dann,
wenn man die Anteile der unbezahlten Arbeit betrachtet.
In Stunden gerechnet tut sich gar nichts. Der höhere Anteil von Männern an der unbezahlten Hausarbeit ergibt
sich also nur daraus, dass Frauen ihre Care-Arbeit etwas
reduzieren (siehe auch S. 23, Abbildung 3 oben).

Der Gender Care Gap ist politischer als der Gender Pay
Gap. Denn er ist aussagekräftiger. Aber auch er ver-
mischt Aspekte, die man klar trennen sollte. Vor allem,
wenn man nachdrücklich zum Handeln auffordern will.
Beispielsweise wird die Arbeit an Dingen mit der Arbeit
mit und für Menschen zusammengeworfen. Die Belastung durch Gartenarbeit, Einkaufen und Kochen ist jedoch eine andere als bei der Erziehung von Kindern und
der Pflege von Eltern. Am besten fasst man das mit dem
Wort Verantwortung und dem daraus abgeleiteten Konzept der mentalen oder kognitiven Belastung. Diese ist
bei der Sorge um Menschen wesentlich höher als beim
Rasenmähen. Und sie lässt sich auch nicht in Stunden
und Minuten rechnen. Es wäre daher nur wenig erreicht,
wenn man den Gender Care Gap reduzieren würde,

indem Männer alle indirekte Care-Arbeit und Frauen alle direkte Care-Arbeit erledigen. Stattdessen sollte die qualitative Dimension des Gender Care Gaps, das Ausmaß der Verantwortung und der kognitiven Belastung, von der quantitativen Dimension, der in Pflege investierten Zeit, analytisch getrennt werden. Die öffentliche Diskussion könnte so geschärft, die Arbeit der Frauen besser verstanden werden. Gerade jetzt, in der Corona-Zeit, zeigt sich das sehr deutlich (siehe Kapitel »Auf die Plätze, fertig, zurück!« ab S. 77).

Beton

Trotz all der Energie und Dynamik, die Frauen an den Tag legen, verändert sich wenig. Der Gender Pay Gap bewegt sich nicht, der Gender Care Gap bleibt riesig. Und die viel zitierte gläserne Decke ist sehr viel undurchsichtiger, als der Name suggeriert. Betondecke wäre passender. Denn ich konnte nicht hochschauen in die Besprechungen der Wirtschaftsspitzen, daraus lernen, mich vorbereiten. Und die Luke stand nur dann einen Spalt offen, wenn es um Anhörungen ging. Frauen können vor allem in der freien Wirtschaft bestenfalls hineinlugen in das Leben der Mächtigen. Dennoch (oder deswegen) müssen sie sich noch immer vorhalten lassen, es fehle ihnen der Biss, die Motivation, das unbedingte Wollen.

Der Gender Position Gap, der Unterschied zwischen Frauen und Männern im Erreichen von Leitungspositionen, ist kein etabliertes Maß. Die Bezugsgröße ist nicht definiert. Sind es alle Führungspositionen in Deutschland? Zählen gleichermaßen Leitungen von Stiftungen,

Konzernen, Bäckereien, Universitäten und Parteien
dazu? Oder betrachtet man nur börsennotierte Unternehmen? Die größten? Die DAX-Gruppe? Je nach Be-
zugsgruppe unterscheiden sich auch die Ergebnisse. So
titeln Susanne Kohaut und Iris Möller vom Institut für
Arbeitsmarkt- und Berufsforschung: »Frauen in leitenden Positionen: Leider nichts Neues auf den Führungsetagen«[24]; Anja Kirsch und Katharina Wrohlich vom
Deutschen Institut für Wirtschaftsforschung dagegen
überschreiben ihren Artikel über Vorstände und Aufsichtsräte der größten 200 Unternehmen: »Frauenanteile in Spitzengremien großer Unternehmen steigen –
abgesehen von Aufsichtsräten im Finanzsektor«.[25] Man
muss präzisieren, das ist gut.

Doch es braucht noch mehr. Denn nach wie vor ist zu
hören, dass es keine Frauen gäbe, die man in Führungspositionen berufen könne. Das Angebot qualifizierter
Frauen sei zu gering, entsprechend sei die rein prozen-
tuale Vertretung von Frauen in Spitzenpositionen auch
nicht aussagekräftig. Susanne Kohaut und Iris Möller
stellen daher den Anteil von Frauen in Führung dem
Beschäftigtenanteil von Frauen insgesamt gegenüber.
Diese Größe bezeichnen sie als Repräsentanzmaß oder
auch Gender Leadership Gap.[26] Das ist ein Anfang. Und
er erlaubt, die Veränderungen über die Zeit besser einzuordnen. Perfekt ist er aber nicht, da sicherlich nur ein
Teil der beschäftigten Frauen für Spitzenpositionen infrage kommt. Im akademischen Bereich mit klaren Hier-
archien wird daher mit Kaskadenmodellen gearbeitet.
Der Frauenanteil auf Professuren wird auf den Anteil
von habilitierten oder habilitationsäquivalenten Frauen
bezogen, alle anderen Frauen kommen ja aus rein for-

malen Gründen nicht infrage.[27] Die Botschaft ist klar: ohne breite Basis, ohne gefüllte Pipeline, keine Spitze.

Noch gibt es keine flächendeckenden Berechnungen anhand eines der Modelle. Ich beschränke mich daher auf den ungewichteten Anteil von Frauen in Spitzenpositionen. Zugegeben, die Statistik ist noch nicht vollkommen. Aber wir wissen alle: Immer mehr Frauen stehen bereit für eine Führungsposition an der Spitze.

Wie sich der Anteil von Frauen in Spitzenpositionen entwickelt hat, ist schnell umrissen. Vorab: Auf welche Führungspositionen wir uns auch immer beziehen, der Frauenanteil liegt nie höher als 36 Prozent. Dieser Wert wurde 2018 im öffentlichen Sektor erreicht, 2004 lag er bei 32 Prozent.[28] In 14 Jahren wurden also gerade 4 Prozentpunkte gewonnen. In der Privatwirtschaft sehen wir im gleichen Zeitraum einen Anstieg von 24 auf 26 Prozent.[29] Kein Kommentar. Das Bild verdunkelt sich weiter, wenn wir Vorstände und Aufsichtsräte der DAX-Unternehmensgruppe betrachten. Von den 30 DAX-Unternehmen haben 22 überhaupt keine Frau im Vorstand, der Frauenanteil liegt also bei 14,7 Prozent. In einem einzigen Unternehmen wird der Vorstandsvorsitz von einer Frau gehalten, das entspricht einem Anteil von 1,7 Prozent.[30] Vorsichtige Hoffnung entsteht dann, wenn wir uns die Entwicklung anschauen. Im Jahr 2008 war nur in einem einzigen der 30 DAX-Unternehmen eine Frau vertreten, der Anteil ist also von 0,5 auf 14,7 Prozent gestiegen. Beim Vorsitz hat sich erst 2019 etwas getan. Jennifer Morgan ist die erste weibliche Vorstandsvorsitzende eines DAX-Unternehmens.

Ich will hier nicht weiter in die Tiefe gehen. Die wenigen Zahlen stehen für sich, sie gelten gleichermaßen

auch für Nichtregierungsorganisationen und Stiftungen.[31] Doch bei aller Bedrückung und allem Unverständ-
nis, die sie auslösen, sehe ich durchaus auch Licht. Man
kann viel verändern, wenn man es nur will. Es gibt sie,
die hoch qualifizierten Frauen, und man findet sie. Sie
verweigern sich keinen Führungsaufgaben. Die Unternehmen erleiden mitnichten Schaden. Quotierungen
sind ein sinnvolles Mittel zum Zweck. Das zeigt sich bei
den Aufsichtsräten der 30 DAX-Unternehmen deutlich.
Nachdem die Quote eingeführt wurde, stieg der Frauenanteil auf heute 35 Prozent. Und in den Aufsichtsräten
der Beteiligungsunternehmen des Bundes wurde Parität
erreicht. Der Weg ist gewiesen.

Lebensleistung

»Die Rente ist Alterslohn für Lebensleistung«, so der
damalige Arbeits- und Sozialminister Norbert Blüm
1989. Bis heute hören wir diesen Satz immer wieder. Als
Mitglied seiner Rentenkommission 1996/7 fand ich ihn
schräg, bezogen auf die Leistungen von Frauen fast zynisch. Heute wird der Satz langsam mit Inhalt gefüllt,
allerdings nur aufgrund sogenannter versicherungs-
fremder Leistungen wie der Anrechnung von Kindererziehungszeiten oder der Grundrente. Unpassend ist
der Satz noch immer. Frauen leisten mehr als das, was
sie im Alter bekommen.
   Der Gender Pension Gap bezeichnet die Unterschiede zwischen Männern und Frauen in der Höhe ihrer
Altersrenten.[32] Diese ergeben sich durch die Dauer der
Erwerbstätigkeit und die Höhe der Vergütung. Goldstandard ist wiederum die ununterbrochene Vollzeit-

erwerbstätigkeit in gut bezahlten Jobs. Manche Lücken im Erwerbsverlauf können versicherungsfremd und damit künstlich gekittet werden. Hat man Kinder, werden etwa die Kindererziehungszeiten auf die Erwerbsdauer angerechnet, angesetzt wird für diese Zeit der mittlere Verdienst aller Beschäftigten. Doch »nur« über Kinder kann man sich für das Alter nicht absichern. Es bräuchte mehr als zehn Kinder, um die Höhe der Mindestrente zu erreichen. Von Männern bzw. deren Renten dagegen kann man im Alter meist gut leben. Bis zum Jahr 2016 lag die (abgeleitete) Witwenrente über der durchschnittlichen Altersrente von Frauen. Ich betone es hier noch einmal: Der Heiratsmarkt lohnt sich für Frauen immer noch mehr als der Arbeitsmarkt.

Schauen wir uns den Gender Pension Gap genauer an. Wichtig ist dabei, dass wir systematischer als bislang geschehen zwischen der Situation in den alten und den neuen Bundesländern unterscheiden. Altersrenten zeigen wie im Brennglas, wie Erwerbstätigkeit, Arbeitszeit und Einkommen über den Lebensverlauf hinweg zusammenwirken. Deshalb sind hier die Unterschiede zwischen West- und Ostdeutschland besonders groß. Die Gründe liegen auf der Hand: Frauen, die zwischen 1930 und 1950 geboren wurden, haben die für die Rentenhöhe von Frauen besonders kritischen Jahre rund um die Geburt von Kindern noch vor der Wiedervereinigung erlebt – die einen in der DDR, die anderen in der Bundesrepublik Deutschland. Im Westen waren lange Unterbrechungen der Erwerbsarbeit von Frauen angesagt, in der DDR waren sie nicht üblich. Außerdem gab es in der DDR weniger Teilzeitarbeit, geringfügige Beschäftigung und Ungleichheit im Einkommen als in

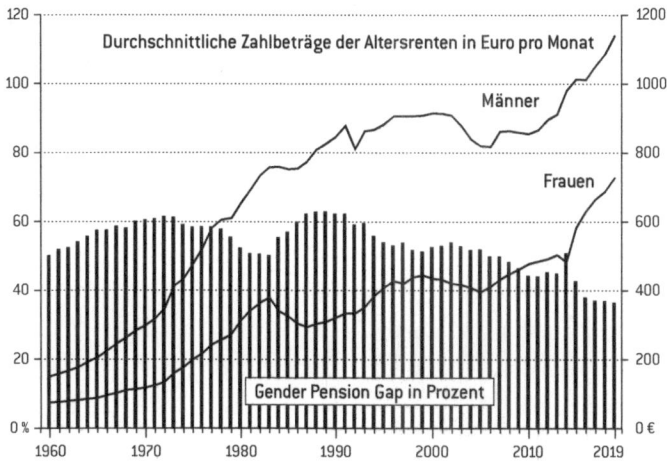

Abbildung 5: Durchschnittliche Zahlbeträge der Altersrente des Rentenzugangs von Frauen und Männern im alten Bundesgebiet von 1960 bis 2019[34]

Die Zahlbeträge beziehen sich auf den Rentenzugang des jeweiligen Jahres. Der Rentenbestand wird nicht berücksichtigt. Im Jahr 2014 und 2015 kommt ein Sondereffekt durch »neue Mütterrenten« zum Tragen: Viele westdeutsche Frauen im Alter ab 65 Jahren haben durch die Anerkennung eines weiteren Kindererziehungsjahres pro Kind mit Geburt vor 1992 die Wartezeit von fünf Jahren für einen erstmaligen Rentenanspruch erlangt.

Quellen: Deutsche Rentenversicherung Bund (2019)

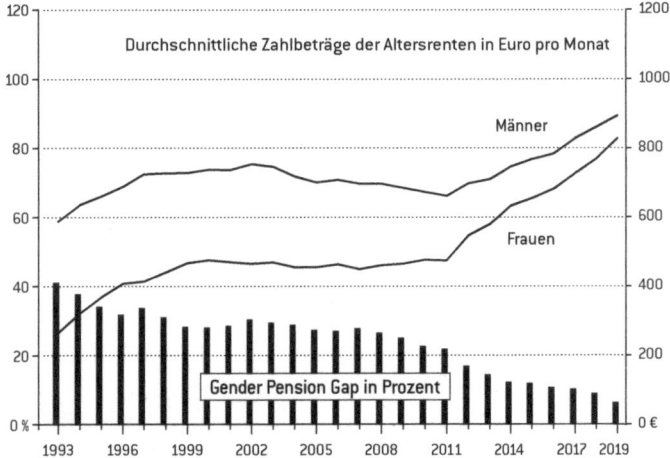

Abbildung 6: Durchschnittliche Zahlbeträge der Altersrente des Rentenzugangs von Frauen und Männern im neuen Bundesgebiet von 1993 bis 2019[36]

Die Zahlbeträge beziehen sich auf den Rentenzugang des jeweiligen Jahres. Der Rentenbestand wird nicht berücksichtigt. Für die Jahre 1993 und 1994 im neuen Bundesgebiet: einschließlich der im Jahr 1992 aufgrund technischer Probleme nicht bewilligten Rentenanträge.

Quellen: Deutsche Rentenversicherung Bund (2019)

Westdeutschland. Das Ergebnis zeigt sich in der Rentenhöhe bis heute deutlich.

Die geschlechtsspezifische Lücke bei den Altersrenten wird in Abbildung 5 für die alten Bundesländer
und in Abbildung 6 für die neuen Bundesländer durch
die unteren Säulen markiert. In den alten Bundesländern betrug die Rente von Männern, die 1995 erstmalig
Rente bezogen, durchschnittlich 885 Euro und die von
Frauen 410 Euro. Die Rentenlücke lag 1995 somit bei
54 Prozent. Seither verringert sie sich fast stetig[33] und
liegt 2018 bei 37 Prozent (Männer 1087 Euro, Frauen
688 Euro). Dennoch: Die Rentenlücke bleibt wesentlich größer als der geschlechtsspezifische Unterschied
im Stundenlohn (Gender Pay Gap), der unbereinigt bei
20 Prozent liegt.

Die Situation in Ostdeutschland ist grundlegend anders
(Abbildung 6). Im Jahr 1993 betrug die Rentenlücke
40 Prozent (Männer: 794 Euro, Frauen: 471 Euro). Bis
2018 sinkt der Wert deutlich auf 9 Prozent (Männer:
1066 Euro, Frauen: 974 Euro[35]). Am Rande vermerkt:
Die Unterschiede zwischen West- und Ostdeutschland
steigen aufgrund der unterschiedlichen Erwerbsbiogra-
fien von 20 auf 28 Prozentpunkte und sind damit heute
noch größer als 1993.

Für westdeutsche Frauen, die in den kommenden Jahren
in Rente gehen, wird sich an der hier dargestellten Situation wenig ändern. Ich erinnere nur an die Unterschiede
zwischen Männern und Frauen in den Stundenlöhnen,
in der Arbeitszeit und in der Zeit für Pflege. Doch selbst
wenn wir die Lücken jetzt schließen, wird es lange

dauern, bis sich dies in der Rentenhöhe niederschlägt. Auch deshalb habe ich mit Nachdruck die Grundrente unterstützt.[37] Systemfremd wie die Grundrente für das Rentensystem ist (oder vielleicht deswegen), würdigt sie die Leistung von Frauen zumindest ein klein wenig.

In den neuen Bundesländern wird die Grundrente wenig ändern, die meisten Frauen sind weniger darauf angewiesen. Denn bis heute bleiben die Unterschiede zwischen west- und ostdeutschen Frauen bestehen. Frauen im Osten sind etwa 5 Stunden pro Woche weniger erwerbstätig als Männer, bei Frauen im Westen sind es rund 9 Stunden.[38]

Zurück zu meinem Leben, dem Leben einer westdeutschen Frau, die 1956 geboren wurde. Wie kann es sein, dass ich auf dem Papier diesen blitzeblanken männlichen, wir könnten auch sagen: ostdeutschen Erwerbsverlauf habe? Viel wichtiger: Kann ich anderen Frauen, durchaus aber auch Männern, diesen Lebensverlauf empfehlen? Nein. Zu viele Zufälle. Zu viele Unfälle. Völlig unplanbar.

Ich bin mit dem großen Privileg auf die Welt gekommen, Tochter sehr gut gebildeter Eltern und Großeltern zu sein. Studieren zu dürfen. Einen Job zu bekommen, den besten der Welt, wie ich meine. Niedriglohntätigkeiten kenne ich nur aus den Schulferien, ein pädagogisches Muss meiner Eltern. Die Unsicherheit von Arbeitslosigkeit habe ich nie ertragen, betriebsbedingte Kündigungen nie befürchten müssen. Ich war nie alleinerziehend.

Ich war 38, als mein Sohn zur Welt kam, allein aufgrund meines Alters wurde meine Schwangerschaft als Risiko bezeichnet. Ein solches Label, über viele Monate getragen, prallt nicht leicht an einem ab. Es ging gut. Glück. Zu diesem Zeitpunkt hatte ich mein Karriereziel eigentlich bereits erreicht. Professorin. Verbeamtet. Super Universität. Großartige Kollegen. Wer hat das schon? Sehr wichtig, aber ganz und gar ungeplant: Der Vater des Kindes war deutlich älter als ich. Schon längst war er bestens etabliert. Damit mussten nicht zwei Karrieren gleichzeitig aufgebaut werden. Soll ich das empfehlen? Nein. Es muss auch anders gehen.

Nun kommt hinzu, dass ich meine Professur nicht in der Stadt hatte, in der mein Sohn und sein Vater lebten. Vier Tage in der Woche war ich schlicht nicht da und musste keinerlei Energie aufbringen, um mich auf die Arbeit statt auf die Familie zu konzentrieren. Die Entfernung hat mir das abgenommen. Ebenso wichtig: Beide hatten wir genug Geld, um freie Zeit und ein gutes Gewissen zu kaufen. Wir konnten uns eine großartige Kinderbetreuung leisten, eine private Einrichtung. Hinzu kam eine Kinderfrau für die Rand- und Ferienzeiten. Auch das ist nicht zu verallgemeinern.

Am wichtigsten war aber etwas ganz anderes: Ich hatte Vorbilder, im Schlechten wie im Guten. Meine Mutter, die Kluge, ist auf die Nase gefallen mit einem Leben, das sie ganz ihrer Familie gewidmet hat. Später aber habe ich Frauen getroffen, die das anders gemacht haben. In den USA haben mir Professorinnen gezeigt, dass es geht und wie es geht. Gemeinsam mit den Vätern und mit einer frühen Betreuung ihrer Kinder. Rabenmütter im beschützenden Sinne dessen, wie Raben ihre Kinder erziehen. Betreute Unabhängigkeit könnte man es nennen.

Nein, mein glatter Lebensverlauf darf kein Vorbild

sein. Und kann es auch gar nicht. Aus ihm abzuleiten, dass es geht, wenn man nur will, wäre schlichtweg arrogant, weltfremd und vermessen.

2020

Ich war baff und begeistert. Die »Tagesthemen« meldeten, dass sich die Konferenz der Justizministerinnen und Justizminister der 16 deutschen Bundesländer unter dem Vorsitz von Dr. Beate Merck, CSU, für eine gesetzliche Frauenquote in Führungspositionen bis 2011 ausspricht.[39] Das war am 24. Juni 2010. Das ist jetzt zehn Jahre her. Die gesetzliche Quote gibt es bis heute nicht. Stattdessen höre ich in der »Tagesschau« vom 7. Juli 2020, dass dem Parteivorstand der CDU eine Quote von 30 Prozent Frauen auf den Wahllisten vorgeschlagen werden soll. Der CDU-Wirtschaftsrat kommentiert: »30 Prozent – übermotiviert.«[40] Wir treten auf der Stelle.

Seit vierzig Jahren entgegnet man mir, dass wir uns in einer Phase des »schnellen« Übergangs befinden. Die nächsten Frauengenerationen würden es einfacher haben, Gleichstellung sei in Sicht. Etwas Geduld, bitte. Über die Jahrzehnte hinweg habe ich tatsächlich viele Fortschritte erlebt, aber stets mit angezogener Handbremse. Ich habe erlebt, wie Frauen ihren Bildungsrückstand aufgeholt haben, wie die Zahlen und der Anteil der weiblichen Studierenden immer mehr angestiegen sind. In der Veterinärmedizin liegt der Frauenanteil bei mittlerweile 84 Prozent, in der Humanmedizin bei 64 Prozent.[41] Wow. Wenn ich aber auf die Frauenanteile in führenden Positionen dieser Fächer schaue, wird aus dem Wow ein Uff. In der Humanmedizin beträgt der Professorinnenanteil nur 19 Prozent, in der Veterinärmedizin sind es 29 Prozent. 13 Prozent der Universitätskliniken werden von einer Frau geleitet.[42]

Ich habe erlebt, dass immer mehr Frauen auf eine Professur berufen wurden, in Berlin liegt ihr Anteil unter den Neuberufungen bei 50 Prozent. Dennoch hat man den Eindruck, dass sich der Gewinn an formalem Status, der Professur, nicht in einen entsprechenden Gewinn an Reputation und Sichtbarkeit umsetzt. Der hohe Gender Pay Gap zwischen Professorinnen und Professoren stützt diese These,[43] desgleichen die nach wie vor sehr geringe Repräsentation von Frauen bei hohen Wissenschaftspreisen.[44] Trotz der Nobelpreise für Frauen im Jahr 2020 liegt der Frauenanteil in der Physik bei gerade 1,9 Prozent, in der Chemie bei 3,8 Prozent. In der Ökonomie haben erst zwei Frauen den Nobelpreis erhalten. In Deutschland wird kein einziges wirtschaftliches Forschungsinstitut von einer Frau geleitet. Das *FAZ*-Ökonomenranking (eine weibliche Form braucht es hier in der Tat nicht) belegt den gleichen Sachverhalt. Im Jahr 2020 finden sich gerade zwei Frauen unter den ersten 30 gelisteten Personen und 14 Frauen unter den ersten hundert. Schaut man dagegen auf den Rat der Wirtschaftsweisen, ergibt sich ein anderes Bild. Mit der anstehenden Neubesetzung werden erstmals drei von fünf Mitgliedern Frauen sein. Wieder sehen wir: Es gibt die exzellenten Frauen, es braucht nur das institutionalisierte Vertrauen, in diesem Fall die Selbstverpflichtung der öffentlichen Hand.

Ich habe erlebt, dass sich immer mehr Frauen für

Fußball begeistern, und dennoch sind sie dort kaum sichtbar. Spiele im Frauenfußball werden selten komplett im Fernsehen ausgestrahlt, wenn überhaupt nur die Ergebnisse genannt. In den Vorständen aller deutschen Profivereine sind gerade einmal fünf Frauen vertreten, das entspricht einem Anteil von 9 Prozent.[45]

Ich habe erlebt, wie kompetent sich Frauen im Kulturmanagement aufstellen, wirkliche Gestaltungsmacht erhalten nur die wenigsten. Nur ein Fünftel der Theater in Deutschland wird von Frauen geleitet. Obwohl hier öffentliche Gelder fließen.[46]

Ich habe erlebt, dass auch das öffentlich-rechtliche Fernsehen (und nicht nur dieses) den Männern treu bleibt. Die MaLisa Stiftung zeigt, dass der Anteil weiblicher Expertinnen, die in Talkshows und andere Informationssendungen gebeten werden, bei gerade 21 Prozent liegt.[47] Wo bleiben da die Rollenvorbilder für unsere Kinder?

Ich habe erlebt, wie die staatlichen finanziellen Leistungen für Kinder angehoben, die Infrastrukturen für Kinderbetreuung quantitativ verbessert wurden. Das Recht auf einen Betreuungsplatz für Kinder unter drei Jahren ist ein Meilenstein. Eine verlässliche und qualitativ gute Betreuung für alle Kinder haben wir allerdings noch immer nicht. Auch keine flächendeckenden Ganztagsschulen. Mitte 2020 fehlen fast 350.000 Kitaplätze,[48]Subventionen für den Ausbau von Ganztagsschulen werden weiterhin blockiert.[49]

Ich habe erlebt, wie Kindererziehungszeiten in Rentenberechnungen eingeflossen sind, Mütter für ihre Kinder einen Rentenausgleich erhalten haben. Ihr Rentenniveau ist in der Folge gestiegen, ihre Lebensleistung spiegelt die Altersrente aber bei Weitem noch nicht. Es ist also keinesfalls nur eine Frage der Zeit. Geduld und Abwarten reichen nicht. Wir müssen handeln, alle.

Bringt nun ausgerechnet das Jahr 2020 das große Glück für die Geschlechtergerechtigkeit, wenn auch im Unglück? Überschwänglich, ja fast euphorisch, erklären viele Kommentatoren das tödliche Virus zum »Zaubervirus«, zum Sesam-öffne-dich, zum Schlüssel für eine bessere und gerechtere Welt, zumindest was die Sache der Frauen betrifft.

Ich teile diese Diagnose nicht. Aber ich freue mich über den Jubel. Denn bejubelt werden immer Ereignisse, die als etwas Positives wahrgenommen werden, als Fortschritt, als Sieg. Der Jubel zeigt also eine Übereinstimmung im Ziel – wer jubelt, hat erkannt, dass in Sachen Geschlechtergerechtigkeit noch viel zu tun ist. Das ist ein entscheidender Schritt. Das ist ein Anfang.

Worauf beruhen diese großen Hoffnungen, und sind sie realistisch? Welche Entwicklungen des Jahres 2020 werden die Gleichstellung von Frauen und Männern in den folgenden Jahren prägen? Erstes Stichwort: Systemrelevanz. Im Lockdown wird endlich erkannt, welche Berufe für unsere Gesellschaft unverzichtbar sind. Vom »Klang der Dankbarkeit«[50] ist die Rede, von »Respekt und Anerkennung für das, was ihr leistet«, wie es auf einem Transparent steht, das am Eingang eines Berliner Krankenhauses angebracht wurde.[51] Entsprechend würden in Post-Corona-Zeiten Tätigkeiten in der Pflege, an der Kasse, im direkten Kundenkontakt angemessen tarifiert werden. Die Lohnlücke würde sich schließen. Zweitens: Homeoffice. Die Wochen des Lockdowns haben gezeigt, dass es auch digital geht. Homeoffice würde

»Weniger Stress, mehr Produktivität«[52] bedeuten. In Post-Corona-Zeiten würde man wesentlich mehr als zuvor von zu Hause aus erwerbstätig sein. Dadurch würde die Vereinbarkeit von Beruf und Familie erhöht, die Präsenzkultur beendet, Frauen mehr Raum zur Entfaltung gegeben. Die Arbeitszeitlücke würde kleiner. Drittens: die neuen Väter. »Von wegen Rabenväter«, heißt es im *Spiegel*.[53] »Männer helfen, ist das nicht toll?«, liest man in vielen Berichten.[54] Was also ist passiert in der Familie? Können wir von dem weltverändernden Virus tatsächlich erwarten, dass er den Gender Care Gap schließt und somit auch die Kraft hat, die vielen Gerechtigkeitslücken zwischen Frauen und Männern zu verringern?

DER WERT DER SYSTEMRELEVANZ

Im Lockdown wurde in den meisten Feldern Neuland betreten. Doch in einem Bereich war man vorbereitet: Man wusste, welche Berufe systemrelevant sind. Die Ressorts auf Bundesebene hatten sich bereits 2003 auf die Definition und Klassifikation Kritischer Infrastrukturen (KRITIS) geeinigt, seit 2009 liegt eine zwischen Bund und Ländern abgestimmte Version vor. »Kritische Infrastrukturen sind Organisationen oder Einrichtungen mit wichtiger Bedeutung für das staatliche Gemeinwesen, bei deren Ausfall oder Beeinträchtigung nachhaltig wirkende Versorgungsengpässe, erhebliche Störungen der öffentlichen Sicherheit oder andere dramatische Folgen eintreten würden«, so das Bundesamt für Bevölkerungsschutz und Katastrophenhilfe.[55] Spätestens mit dieser KRITIS-Liste war also klar, auf welche Tätigkeiten man in Notfällen und Krisen zwingend angewiesen sein würde. Dennoch ist seit 2009 nichts geschehen, man hat die Erkenntnisse nicht umgesetzt. Stattdessen ließ man es darauf ankommen, und hat darauf gesetzt, dass die Menschen im Krisenfall schon ihre Arbeit machen würden.

Im Lockdown diente die KRITIS-Liste als Blaupause für die vom Bundesministerium für Arbeit und Soziales (BMAS) veröffentlichte »Liste der systemrelevanten Bereiche«.[56] Die meisten dieser Tätigkeiten lassen sich nicht nach Hause verlagern, zumindest nicht vollständig, nicht sofort und nahtlos. Die Bereitstellung von Energie, Wasser, Lebensmitteln gehört dazu, die Informationstechnik, der Gesundheitsbereich, das Finanzwesen, der Transport, die Medien, die staatliche Verwaltung. Auf der Liste des BMAS findet sich zudem ein Bereich, der nicht auf der KRITIS-Liste steht: Schulen und Einrichtungen der Kinder- und Jugendhilfe sowie der Behindertenhilfe. Es geht hier also um die Erzieherinnen und Erzieher, die Lehrerinnen und Lehrer, um all die Menschen, die die so entscheidende und notwendige Betreuung der Kinder und Jugendlichen in Schulen und Kitas sicherstellen.

Dass diese Menschen und ihre Tätigkeiten auf der KRITIS-Liste fehlen, zeigt einmal mehr, dass Erwerbstätigkeit und Familie nicht zusammengedacht werden. Wie kann man erwerbstätig sein, wenn die Kinder unbetreut zu Hause bleiben? Wurde hier als selbstverständlich angenommen, dass Frauen im Krisenfall ihre Erwerbsarbeit aufgeben und sich stattdessen um die Kinder kümmern? Gravierend und erschreckend zugleich finde ich auch, dass die (vor-)schulische Bildung ganz offensichtlich nicht als entscheidende Ressource gewürdigt wird, die dabei hilft, Krisen zu bewältigen.

Waren die Schulen und Kitas deshalb so wenig auf den Lockdown vorbereitet? In der Krise selbst wirbelte man nicht, man erstarrte. Entweder schafften es die Lehrerinnen und Lehrer alleine, oder es passierte nichts. Keine innovativen Impulse. Keine Strukturen, die Kindern halfen und Familien entlasteten. Dadurch sind die meisten Familien in der Krise aus dem Tritt gekommen. Insbesondere Mütter wurden massiv belastet. Dies wird wohl auch in einer nächsten Krise nicht anders sein. Ich komme später darauf zurück.

Systemrelevanz klingt wie ein Adelsprädikat, wie etwas ganz Besonderes. Kritische Infrastruktur eben. Unsere Zukunft hängt von den Menschen ab, die diese Berufe ausüben. Das wissen wir seit Langem. Das hat uns der Lockdown wieder bewiesen. Deshalb haben wir sie über viele Wochen hinweg jeden Abend beklatscht. Und doch vernachlässigen wir unsere Zukunft: Systemrelevante Tätigkeiten sind bis heute weniger anerkannt als die Arbeit in anderen Bereichen. Menschen, die in diesen Branchen arbeiten, werden nicht ausreichend geschützt. Zu der mehrheitlich unterbezahlten Arbeit, zur Arbeit an Wochenenden und im Schichtbetrieb kommt die gesundheitliche Gefährdung. Denn die wenigsten Beschäftigten in diesen Bereichen wurden mit der notwendigen Schutzkleidung und den Masken ausgestattet, die nicht nur andere, sondern auch sie selbst vor Ansteckung schützen.[57]

Betrachten wir die systemrelevanten Tätigkeiten genauer. Tabelle 1 zeigt einige Eckdaten, berechnet wurden diese anhand administrativer Daten und des Sozioökonomischen Panels.[58] Im Durchschnitt aller Berufe verdienen die Beschäftigten 16,96 Euro brutto

in der Stunde. In den systemrelevanten Tätigkeiten
sind es 14,91 Euro, also 2 Euro weniger. Unterscheidet
man die Löhne von Frauen und Männern, so zeigt sich,
dass Frauen in systemrelevanten Berufen 14,21 Euro
brutto verdienen, Männer 15,95 Euro. Doch die niedrige Bezahlung ist nicht alles. Der Anteil geringfügiger,
nicht sozialversicherter Beschäftigung ist in diesen Bereichen hoch, die Arbeitsbedingungen sind schlecht, viel
Schichtdienst, viele Überstunden, oft harte körperliche
Arbeit.[59] Besonders bitter: Systemrelevante Tätigkeiten
werden überdurchschnittlich häufig von Frauen ausge-
übt. Liegt der Frauenanteil im Durchschnitt aller Berufe
bei 48,7 Prozent, beträgt er bei den systemrelevanten
Berufen 59,7 Prozent, das sind 11 Prozentpunkte mehr.[60]

	Alle Berufe	Systemrelevante Berufe
Berufsprestige (MPS-Punkte)	63,22	58,55
Bruttostundenlohn (Euro)	16,96	14,91
Bruttostundenlohn Männer (Euro)	18,97	15,95
Bruttostundenlohn Frauen (Euro)	14,84	14,21
Frauenanteil (Prozent)	48,70	59,67

Tabelle 1: Mittleres Berufsprestige, Bruttostundenlohn und
Frauenanteil insgesamt und in systemrelevanten Berufen

Quelle: Koebe, J., Samtleben, C., Schrenker, A. & Zucco, A. (2020). Systemrelevant, aber dennoch kaum anerkannt: Entlohnung unverzichtbarer Berufe in der Corona-Krise unterdurchschnittlich. In: *DIW aktuell* (Nr. 48; DIW Aktuell). DIW Berlin.

Durchschnitte wirken oft leer und kraftlos. Hier helfen
konkrete Beispiele: Systemrelevante Tätigkeiten mit

dem höchsten Frauenanteil üben zahnmedizinische Angestellte (98 Prozent), Arzthelferinnen (97 Prozent), Kassiererinnen im Einzelhandel (90 Prozent) und Bäckereifachverkäuferinnen (93 Prozent) aus. Ihr Stundenlohn liegt um 35 bis 45 Prozent unter dem Durchschnitt. Bei Krankenschwestern und Krankenpflegern beträgt der Frauenanteil 70 Prozent, sie verdienen etwa 10 Prozent weniger als Menschen in allen anderen Berufen.[61]

Männern in systemrelevanten Berufen geht es kaum besser. Im Gegenteil. Bei ihnen unterscheiden sich die Stundenlöhne in systemrelevanten Berufen noch deutlicher von ihren Durchschnittslöhnen in allen Berufen (um durchschnittlich 3 Euro in der Stunde, siehe Tabelle 1). Ein besonders hoher Männeranteil von über 95 Prozent findet sich bei Busfahrern, Auslieferungsfahrern und Berufskraftfahrern, bei Fachkräften für Lagerwirtschaft mit 91 Prozent und Rettungssanitätern mit 85 Prozent. Ihre Stundenlöhne liegen um 25 bis 35 Prozent unter dem Durchschnitt. Auch hier muss sich etwas tun, keine Frage. Dennoch: In systemrelevanten und unterdurchschnittlich bezahlten Tätigkeiten arbeiten bei Weitem mehr Frauen als Männer.

Es braucht offenbar erst Krisen und Drohkulissen, um allen die Augen zu öffnen. Und den Verstand. Dass Tätigkeiten mit überdurchschnittlichem Frauenanteil unterbezahlt sind, ist längst bekannt. Auch dass es an Wertschätzung fehlt und an beruflichem Prestige. Das KRITIS-Papier liegt seit über einem Jahrzehnt in der Schublade. Vereinzelt wurde gestreikt, das Pflegepersonal in Krankenhäusern, die Erzieherinnen in Kitas haben leichte Lohnverbesserungen erreicht. Haben sie dadurch an Anerkennung gewonnen? Fehlanzeige.

Seit einigen Jahren wird darüber nachgedacht, viele
Sorgeberufe zu akademisieren, wie es in anderen Ländern
bereits geschehen ist. Vielleicht wird das helfen. Dabei
muss man allerdings auch sehen, dass die Unterschiede
zwischen den Tätigkeiten in den systemrelevanten Berufen sich weiter vergrößern würden. Die Tarifierung
richtet sich nach der Ausbildung, mit einem deutlichen
Plus für ein abgeschlossenes Hochschulstudium, so
anachronistisch dies aufgrund der völlig veränderten
Bildungsverteilung und der anspruchsvollen beruflichen
Ausbildung auch erscheint. In vielen Sorgeberufen liegt
der Hebel aber auch bei Männern. Wenn sich mehr
Männer für diese Berufe interessieren, wird der Druck
höher und sich eher etwas ändern. Wenn mehr Männer
in diesen Berufen arbeiten, können sie alte Traditionen
und Stereotype aufweichen, nach denen die Pflege und
Sorge um andere Menschen selbstverständlich Sache der
Frauen ist. So selbstverständlich, dass sie oft nicht einmal dafür bezahlt werden. Bis heute aber wird stärker
darüber diskutiert, wie man Frauen dazu bewegt, sich
in Männerberufen ausbilden zu lassen, als umgekehrt.
Auch das ist wichtig, reicht aber nicht aus. Wir müssen
in beide Richtungen denken und handeln.

Ich habe in den letzten Monaten mit vielen Menschen in systemrelevanten Berufen gesprochen. Systemrelevante Frauen, die alleinerziehende Mütter sind, hatten es besonders schwer. Sie mussten allein eine Lösung
finden, denn meist fehlten die entsprechenden Strukturen. Die Kassiererin konnte ihr Kind zwar in die Kita-
Notbetreuung bringen. Aber die Öffnungszeiten passten
nicht zu ihren Arbeitszeiten, es war der pure Stress. Sie
hetzte hin und her. Die Altenpflegerin konnte eine Zeit

lang gar nicht arbeiten gehen, da Schulen ganz geschlossen hatten und es für ihren achtjährigen Sohn keine Notbetreuung gab. Bei alleinerziehenden Vätern wird das ganz ähnlich gewesen sein, es gibt aber wenige. Von den 13 Millionen Kindern unter 18 Jahren leben 18 Prozent mit einem Elternteil im Haushalt, in neun von zehn Fällen ist das die Mutter.[62] Viele andere systemrelevante Menschen in meinem Umfeld haben sich am Anfang die Augen gerieben. Vor Freude über die gänzlich unerwartete Aufmerksamkeit. Das von einer Kundin überreichte Blümchen, das Ständchen vorm Krankenhaus. Vor Freude über den Beifall von den Balkonen. Über die bessere Bezahlung, die ihnen versprochen wurde. Viele haben ihre Ansteckungsrisiken kleingeredet. Ernüchterung kam erst mit den Wochen. Die Anerkennung ließ nach, die Einmalzahlungen ergaben gerade einmal ein Trostpflaster für das Hier und Jetzt, nachhaltig waren und sind sie nicht. Deutlich höhere Löhne stehen aus, auch bessere Arbeitsbedingungen. Wenn nicht heute, wann dann?

Die Debatte aber hat bereits jetzt an Fahrt verloren. Bislang sehe ich nicht, dass die längst überfällige Diskussion über die Systemrelevanz ihre Versprechen einlösen konnte. Eine Triebfeder hin zu »guter Arbeit«, der Bekämpfung des Fachkräftemangels in diesen Berufen und einer auch geschlechtergerechteren Welt war sie bislang jedenfalls nicht. Wenn überhaupt, dann nur kurz, sehr über die Bande gedacht und mit einem sehr faden Beigeschmack. Dann geht die Geschichte so: Systemrelevante Frauen konnten (und mussten) während des Lockdowns innerhalb ihrer Partnerschaft die Betreuung von Kindern und das Erledigen von Hausarbeit neu aushandeln, wenn der Partner in der (eher männerdominierten) Kurzarbeit oder im Homeoffice war. Diese These lässt sich durch Daten stützen: In diesen Paarkonstellationen hat sich der Gender Care Gap tatsächlich etwas verringert.[63] Wird das so bleiben? Auch dann, wenn die Partner wieder Vollzeit erwerbstätig sind? Eher nicht. So zeigen Forschungsarbeiten von Mareike Bünning, dass Männer, die in Teilzeit erwerbstätig waren, mehr Zeit als zuvor in Kindererziehung und Hausarbeit steckten. Sobald sie aber wieder in Vollzeit waren, sind sie in die alte Rollenverteilung zurückgefallen.[64] Viel wichtiger aber: Wollen wir wirklich den Gender Care Gap verringern, indem wir Frauen auf unterbezahlte Arbeit in systemrelevanten Tätigkeiten verweisen?

HOME, SWEET HOME

In den Zeiten vor Corona wurde sehr selten im Homeoffice gearbeitet. Nach Daten des Bundesinstituts für Bevölkerungsforschung (BIB) waren 2018 lediglich etwa 3 Prozent der Beschäftigten täglich im Homeoffice, 2 Prozent die Hälfte ihrer Arbeitszeit und weitere 6 Prozent entsprechend weniger. Somit hatten 88 Prozent der Beschäftigten keine Erfahrung mit dieser Arbeitsform.[65] Sofort ins Auge springen die enormen Unterschiede nach beruflicher Qualifikation. Von den Beschäftigten mit Hochschulabschluss haben bereits 32 Prozent im Homeoffice gearbeitet, bei Menschen ohne Berufsausbildung sind es nur 3 Prozent. Umgekehrt haben 23 Prozent der gut Gebildeten keinen Zugang zum Homeoffice, bei Bildungsarmen sind es 82 Prozent.[66] Ein krasser

Unterschied von 60 Prozentpunkten. Ähnlich sieht es aus, wenn wir die Tätigkeitsbereiche anschauen. In den Bereichen Verkehr und Logistik oder auch in den Fertigungsberufen ist Homeoffice zu 13 Prozent möglich, etwa beim Dispatcher, Spediteur oder im Controlling. Bei unternehmensbezogenen Dienstleistungen der Führung von Unternehmen, in der Informationstechnologie und im Handel liegen die Anteile zwischen 74 Prozent (unternehmensbezogene Dienstleistungen) und 61 Prozent (Handel).[67]

Frauen und Männer nutzen etwa gleich häufig das Homeoffice.[68] Bei der Möglichkeit, im Homeoffice zu arbeiten, liegen sie jedoch weit auseinander.[69] Insgesamt lassen sich die meisten Tätigkeiten (57 Prozent) zwar nur vor Ort ausüben, aber immerhin 31 Prozent wären vollständig, weitere 12 Prozent teilweise im Homeoffice zu verrichten, etwa im Umfang von ein bis zwei Arbeitstagen. Bei Frauen liegen die Werte höher. 38 Prozent ihrer Tätigkeiten könnten ganz ins Homeoffice verlagert werden, weitere 36 Prozent teilweise. Nur jede vierte Tätigkeit (26 Prozent) wäre überhaupt nicht von zu Hause aus zu verrichten. Bezogen auf alle Beschäftigten, könnten damit 43 Prozent aller Tätigkeiten ganz oder teilweise daheim erledigt werden, bei Frauen sind es 74 Prozent. Das ist deutlich und zeigt aufs Neue, wie unterschiedlich die Tätigkeiten von Frauen und Männern sind.

	Homeoffice möglich		Homeoffice nicht möglich
	Wunsch Homeoffice		
	Ja	nein	
Keine Kinder unter 13 Jahren			
Frauen	21,2	12,0	40,3
Männer	17,3	7,7	49,0
Kinder unter 13 Jahren			
Frauen	25,1	8,9	34,9
Männer	18,6	6,6	41,4
Durchschnitt	19,7	9,2	43,4

Tabelle 2: Einstellungen gegenüber der Arbeit im Homeoffice nach Geschlecht und Kindern, 2018

Quelle: BiBB/BAuA 2018 Employment Survey with sampling weights. Employees aged 16-65. Entnommen aus Arntz u.a. 2020, Tabelle 2

So weit diese wichtigen Eckdaten. Was aber wünschen sich die Beschäftigten selbst? Wollen sie im Homeoffice arbeiten, könnten sie frei wählen? Die Frage ist interessant, der Aussagewert der Antworten aber begrenzt. Präferenzen hängen immer von den Möglichkeiten ab, die man für die eigene Lebensgestaltung hat. Die Feststellung »Mütter wollen Teilzeit erwerbstätig sein« etwa müssen wir vor dem Hintergrund verstehen, dass Mütter oft gar nicht Vollzeit arbeiten können. Die Infrastruktur fehlt, die sorgenden Väter. Beim Homeoffice ist es ähnlich. Die Antworten deuten daher eher auf Defizite, fehlende Optionen statt auf Präferenzen hin.

Schauen wir auf Tabelle 2. Ausgewiesen wird zunächst, ob die Befragten überhaupt die Option haben, im Homeoffice zu arbeiten. Frauen geben eher als Männer an, dass dies möglich wäre, Menschen mit kleinen Kindern unter 13 Jahren eher als jene ohne kleine Kinder. Dann wird abgefragt, ob man lieber im Homeoffice als vor Ort arbeiten würde. Immerhin 20 Prozent wollen und könnten im Homeoffice arbeiten, doppelt so viele, wie 2018 tatsächlich im Homeoffice gearbeitet haben. Frauen möchten das eher als Männer, Mütter mit Kindern unter 13 Jahren eher als Frauen ohne kleine Kinder. Bei Männern hängt der Wunsch kaum davon ab, ob sie kleinere Kinder haben oder nicht. Interessant ist auch, dass Frauen häufiger als Männer das Arbeiten im Homeoffice ganz ablehnen. Über die Gründe weiß man nichts. Ich kann nur vermuten, dass sich hier der Wunsch nach einem Stück eigenen Lebens ausdrückt, nach einer räumlichen Trennung von Beruf und Familie, nach persönlichem Austausch mit Kolleginnen und Kollegen. Vielleicht fehlt zu Hause aber auch schlicht ein ruhiger Arbeitsplatz.

Der hohe Anteil von Müttern, die den Wunsch haben, im Homeoffice zu arbeiten, überrascht mich nicht. Das Homeoffice erleichtert die Vereinbarkeit von Beruf und Familie. Wenn Kinder krank oder bei Hitzefrei nach Hause geschickt werden, steht die Tür offen, die Mutter ist da, kann trösten und kochen. Sie kann mal schnell einkaufen gehen, hier und da etwas richten, Post entgegennehmen. Der Internethandel boomt, verschickt wird nach Hause. Klar ist das oberflächlich gesehen einfacher, lässt sich der Alltag so besser organisieren, können Frauen so leichter Beruf und Familie vereinbaren. Aber was ist mit der immer wieder angekündigten Gleichstellung?

Das Homeoffice bringt die Figur der wartenden Mutter (Ilona Ostner) zurück, auf der die deutsche Sozialpolitik beruht. Es droht nicht nur Stillstand, es droht gar ein Rückfall in alte Traditionen. Von einer geschlechtergerechten Gesellschaft entfernen wir uns so weiter und weiter.

Traditionen sind schwer zu verändern, externe Schocks oft nötig und hilfreich. Die Pandemie ist ein solcher Schock. Fast über Nacht hat sie eine Arbeitsform hervorgebracht, die wir bislang kaum kannten und noch immer wenig kennen. Als im März 2020 der Lockdown beschlossen wurde, erhöhte sich der Anteil von Menschen im Homeoffice innerhalb weniger Tage von 10 auf knapp 35 Prozent.[70] Homeoffice war unter den neuen Umständen das Beste, was einem passieren konnte. Meist volles Gehalt, meist keine berufliche Unsicherheit. Sachverständige warnen aber vor hohen Belastungen im Homeoffice aufgrund der Entgrenzung von Beruf und Familie, vor Ausbeutung und Selbstausbeutung, vor negativen Folgen für die Gesundheit, vor Einsamkeit.[71] Natürlich auch vor dem Verlust an Verhandlungsmacht. Schon lange fragen sich Gewerkschaften, wie sich Menschen solidarisieren, für gemeinsame Ziele eintreten und kämpfen können, wenn sie vereinzelt und fern voneinander arbeiten.[72] Wenig weiß man auch darüber, wie sich Homeoffice und Teamarbeit miteinander verbinden lassen, welche neuen Herausforderungen an Führung das Homeoffice stellt, wie es um die Fehleranfälligkeit und die Kreativität steht. Natürlich ist auch die Produktivität selbst ein Thema.

Die meisten stellen diese Fragen zurück, hoffen, dass Arbeit im Homeoffice auch nach dieser Krisenzeit

erhalten bleibt; Beschäftigte, Arbeitgeber- und Arbeit-
nehmervertreter, politische Parteien. Sie alle haben viele
gute Gründe auf ihrer Seite. Vereinbarkeit, Flexibilität,
Selbstbestimmung, Umweltschutz, das Einsparen von
Zeit und Kosten.[73]

Meine Gewichtung ist eine andere. Viele der genannten Vorteile werden zu Nachteilen, insbesondere für
Frauen, insbesondere mit Blick auf die Gleichstellung.
Politiken und Arbeitsformen, die auf Frauen abzielen
oder von ihnen aufgrund bestehender Traditionen und
Strukturen eher als von Männern genutzt werden, haben
der Gleichstellung noch nie geholfen. Warum sollte es
jetzt anders sein? Für mich ist das Homeoffice daher ein
weiterer Heuhaufen, der vor allem junge Mütter lockt,
sie dazu verführt, das Hier und Jetzt zu optimieren, die
Zukunft aber aus den Augen zu verlieren. Wir haben
das bei der Teilzeit gesehen, bei der geringfügigen Beschäftigung, bei der Mitversicherung, beim Wechsel der
Lohnsteuerklasse. Nicht schon wieder.

Ich habe die große Sorge, dass durch die Arbeit im
Homeoffice überfällige Reformen an Dynamik verlieren,
stattdessen überkommene Rollenmuster gestärkt werden. Für diese These gibt es mindestens drei Gründe.

Das Homeoffice erzeugt, erstens, keinen Druck, eine
verlässlichere und bessere öffentliche Infrastruktur für
Kinder, Jugendliche und Ältere aufzubauen. Im Gegenteil. Denn im Homeoffice können die Mütter selbst
wieder übernehmen und die Not lindern. Hinzu kommt:
Das Homeoffice steht vor allem gut Gebildeten offen.
Menschen mit geringerer Bildung arbeiten vor Ort in
den Betrieben. Diese Menschen sind ganz besonders auf
gute Infrastrukturen für ihre Kinder angewiesen, ihnen

fehlt aber die öffentliche Stimme. Die ohnehin vorhandene hohe Chancenungleichheit zwischen Kindern nach sozialer Herkunft wird so eher steigen.

Homeoffice wird, zweitens, nicht dazu führen, dass sich Väter stärker als bislang an der Care-Arbeit beteiligen. Im Gegenteil. Die Flexibilität der Mütter wird auch hier gegen sie verwendet werden. Das belegen alle Forschungsberichte, die die Aufgabenverteilung von Familien in den Monaten des Lockdowns untersucht haben. Nur in Haushaltskonstellationen, in denen Frauen keinen Zugang zu Homeoffice hatten, konnte sich der Gender Care Gap etwas schließen. Ich komme darauf zurück.

Das Homeoffice wird, drittens, nicht bewirken, dass Frauen eher in Führungspositionen gelangen. Im Gegenteil. Auch weil insbesondere Frauen im Homeoffice arbeiten, wird diese Arbeitsform *mummy tracks* eher stärken; Karrierepfade, die höchstens ins mittlere Management führen. Es wird daher auch nicht die Kraft haben, die Präsenzkultur abzubauen. Nicht durch Vereinbarkeit macht man Karriere, »*It's the economy, stupid*«. Und diese verlangt Sichtbarkeit, Auftreten, Charisma. All das kann man aber nur vor Ort zeigen, nicht aus dem Homeoffice heraus, und nur sehr bedingt in Videokonferenzen.

Wenn Heimarbeit ein Erfolgsmodell werden soll, so ist ein grundsätzlich anderes Vorgehen nötig. Wir müssen zuerst die Rahmenbedingungen für Kinder, Frauen und Männer verbessern, dafür sorgen, dass Homeoffice nicht überwiegend weiblich wird, darüber nachdenken, wie wir Karrierewege neu anlegen, was wir von Führung erwarten, wie wir die Zeiten daheim und vor Ort aufteilen, wie wir die neuen Arbeitsplätze zu Hause ausstatten, wer die Kosten dafür trägt. Und wir müssen darüber nachdenken, was die Gesellschaft der Erwerbsarbeit vor Ort entgegenzusetzen hat, was zu neuen Orten der Begegnung und des Miteinanders von Menschen werden kann. Die Erwerbsarbeit ist für die meisten Menschen mehr als ein Mittel, Geld zu verdienen. Sie öffnet Räume, sie verbindet, führt zu Kontakten. Menschen sind soziale Wesen. Wo können die tragenden Verbindungen jenseits der Erwerbsarbeit entstehen, wie kann der Zusammenhalt erreicht und Vertrauen erzeugt werden?

AUF DIE PLÄTZE, FERTIG, ZURÜCK!

Deutlich widerspreche ich Kommentaren in den großen Leitmedien, die den Befund einer Retraditionalisierung zurückgewiesen haben. »Die Zukunft gehört den Frauen«[74], heißt es, »Von wegen Rabenväter«[75] und von »Rolle rückwärts? Ein Märchen«[76] ist die Rede.[77] Falsch oder aus der Luft gegriffen sind diese meist von Männern verfassten Kommentare allerdings nicht.[78] Sie berufen sich auf große empirische Untersuchungen, die nachgezeichnet haben, was während des Lockdowns und in den Wochen danach in den Familien geschehen ist. Hervorgehoben wird, dass sich einige Väter mehr als zuvor um ihre Kinder kümmern. Auch ich beziehe mich auf diese Studien. Ja, die Männer engagieren sich in diesen Monaten mehr als zuvor für die Familie. Dem widerspreche ich nicht. Einen Gewinn für Frauen sehe ich dennoch nicht. Im Gegenteil, Kränkungen und Verletzungen von Müttern mehren sich. Diese werde ich im Folgenden zeigen:

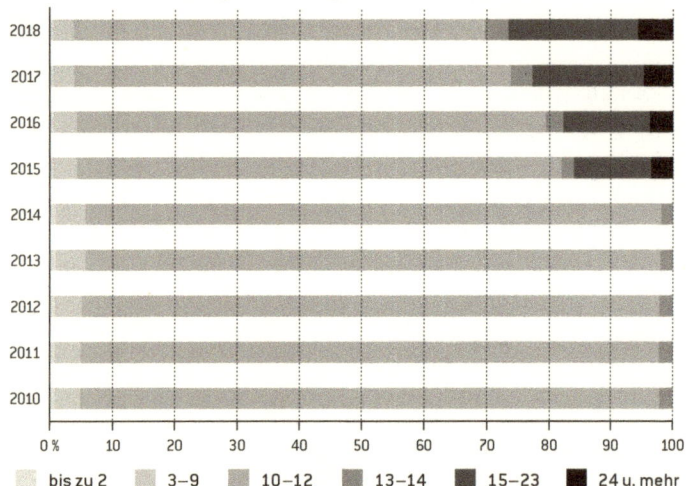

Bezugsdauer Elterngeld von Müttern in Monaten

bis zu 2 | 3–9 | 10–12 | 13–14 | 15–23 | 24 u. mehr

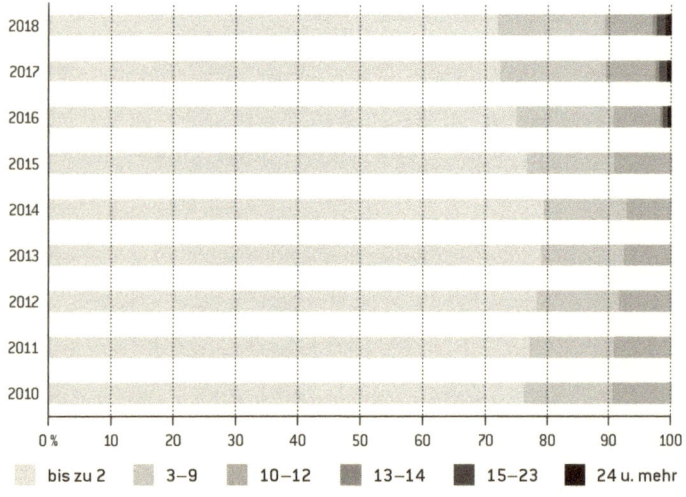

Bezugsdauer Elterngeld von Vätern in Monaten

bis zu 2 | 3–9 | 10–12 | 13–14 | 15–23 | 24 u. mehr

Abbildung 7: Bezugsdauer des Elterngeldes von Frauen und Männern von 2010 bis 2018[84]

Für die Jahre 2010 bis 2015 ist die durchschnittliche Bezugsdauer der beendeten Leistungsbezüge von Vätern und Müttern nach Geburtsjahr des Kindes dargestellt. Ab 2016 handelt es sich um die voraussichtliche Bezugsdauer der Leistungsbezüge der Väter und Mütter, die im betrachteten Berichtsjahr Elterngeld bezogen haben, da der Anspruchs- und Beantragungszeitraum noch nicht vollendet ist. Datenquelle: Elterngeldstatistik des Statistischen Bundesamtes.

Quellen: Samtleben et al. (2019) Abb. 2

Unvorbereitet: Zur partnerschaftlichen Aufgabenverteilung vor der Pandemie

Ich habe bereits beschrieben, wie sich die Erwerbsbeteiligung von Männern und Frauen im Allgemeinen entwickelt hat, wie lange und wann sie arbeiten und wie unterschiedlich sie bis heute ihre Zeit verwenden. Nun blicke ich hinein in das Leben von Familien mit minderjährigen Kindern. Wie waren Eltern vor der Krise erwerbstätig? Inwieweit haben sie sich die Erwerbs- und Familienarbeiten geteilt?

Ich beziehe mich hier auf den Mikrozensus 2016.[79] Bei fast zwei Dritteln der Paare mit minderjährigen Kindern (64 Prozent) gingen beide Elternteile einer Erwerbstätigkeit nach, bei fast einem Drittel (31 Prozent) war nur ein Elternteil erwerbstätig, ganz überwiegend der Vater (28 Prozent). Bei lediglich 3 Prozent der Elternpaare war allein die Mutter erwerbstätig.[80] Diese Anteile unterscheiden sich deutlich, je nachdem, wie alt die Kinder sind. Ist das jüngste Kind unter einem Jahr alt, sind nur bei 8 Prozent der Paarhaushalte beide Elternteile erwerbstätig, vor der Geburt waren es 64 Prozent aller Paarhaushalte. Ist das jüngste Kind zwei oder drei Jahre alt, steigt der Anteil auf 42 beziehungsweise 58 Prozent.[81] Dieser schon dramatisch zu nennende Einbruch kommt dadurch zustande, dass Mütter ihre Erwerbstätigkeit der neuen Situation und den Bedürfnissen der Kinder anpassen. Väter sind meist durchgängig erwerbstätig, egal, wie alt das Kind ist.

Stellen wir die Linse schärfer und betrachten die Monate nach der Geburt von Kindern. Hier hilft uns der Blick auf das Elterngeld. Diese Leistung wird für Mütter und Väter 12 Monate lang bereitgestellt, ausgezahlt werden monatlich zwischen 300 und 1.800 Euro, abhängig vom Einkommen des jeweiligen Elternteils. Wenn beide Elternteile das Elterngeld für mindestens zwei Monate nutzen, können sie es insgesamt 14 Monate lang beziehen. Eine partnerschaftliche Betreuung würde also je sieben Monate für die Mutter und den Vater bedeuten. Davon sind wir meilenweit entfernt. Von den Müttern beziehen 98 Prozent Elterngeld, von den Vätern nur 40 Prozent.[82]

Schauen wir uns die Bezugsdauer des Elterngeldes genau an (siehe Abbildung 7). Mütter nehmen es im Schnitt 13,5 Monate in Anspruch, Väter 3,4 Monate. Nur eine sehr kleine Gruppe von Vätern verhält sich anders. Hatten Väter vor der Geburt ihrer Kinder kein Erwerbs-

einkommen, beziehen sie im Schnitt 7,3 Monate Elterngeld. Nur bei dieser Gruppe ist auch davon auszugehen,
dass sie ihr Baby eine Zeit lang alleine betreuen. Über
90 Prozent der Väter nehmen dagegen die Elternzeit
gemeinsam mit den Müttern im ersten Lebensjahr ihres
Kindes. Bei den Vätern geht also Erwerbstätigkeit vor
Elternzeit.[83]

Diese Aufgabentrennung im ersten Lebensjahr des Kindes bleibt nicht ohne Folgen. Die Mütter nehmen ihre
Erwerbstätigkeit nur langsam wieder auf, das haben wir
bereits gesehen. Die Arbeitszeiten aber klaffen dauerhaft
auseinander. Nur bei 25 Prozent der Paare mit minderjährigen Kindern sind Mutter und Vater gleichermaßen
Vollzeit erwerbstätig. 70 Prozent der Paare setzen auf
die bekannte Kombination: Der Vater arbeitet Vollzeit,
die Mutter Teilzeit. Nur bei 2 Prozent der Paare ist es
umgekehrt und bei lediglich 3 Prozent gehen beide einer
Teilzeittätigkeit nach.[85] Führt man sich vor Augen, wie
sich hier die Schere von Erwerbsbeteiligung und Arbeitszeiten in zweifacher Hinsicht immer weiter öffnet, wird
klar, warum sich die Einkommen und die Renten so
krass zwischen Männern und Frauen unterscheiden.
Je länger die Unterbrechungen der Erwerbstätigkeit, je
geringer die Arbeitszeiten und das Einkommen, desto
höher die Gefahr von Altersarmut. Das Statistische
Bundesamt, sicherlich nicht für Übertreibungen oder
einseitige Darstellungen bekannt, schließt seine Analyse
wie folgt: »Die unterschiedliche Erwerbstätigkeit von
Müttern und Vätern, insbesondere im Westen Deutschlands, [spiegelt] nach wie vor traditionelle Vereinba-
rungsarrangements wider.«[86] Ich setze hier ein dickes

Ausrufezeichen. Und ich füge hinzu, dass sich Frauen in den vergangenen Jahrzehnten von vielen Traditionen verabschiedet haben, sobald sie die Möglichkeit dazu hatten. Ihre Erwerbstätigkeit stieg parallel zum Ausbau der öffentlichen Kinderbetreuung und zum Angebot an Ganztagsschulen. Faul sind Frauen nicht, Heimchen am Herd wollen sie nicht sein und schon gar nicht ver-heimlicht werden. Doch schon vor der Pandemie wurden ihnen harte Grenzen gesetzt. Über 75 Prozent der Mütter von Kindern unter sechs Jahren geben an, »aufgrund der Kinderbetreuung« nicht Vollzeit zu arbeiten. Hier können Länder und Kommunen noch viel tun, Kindertagesstätten für die Kleinen und Ganztagsschulen fehlen noch überall.

Ganz »weggeben« möchte man Kinder nicht. Man hat Kinder, um mit ihnen zusammenzuleben. Und auch Kinder brauchen für ihre Entwicklung den privaten Raum. In einer geschlechtergerechten Gesellschaft, in der Frauen und Männer sich privat und beruflich verwirklichen und beide im Alter eine angemessene Rente beziehen können, müssten Männer viel mehr Familienarbeit leisten. Es geht nur gemeinsam. Tatsächlich haben sich Männer über die letzten Jahrzehnte aber kaum bewegt. Ihre Erwerbsquoten sind unverändert hoch, ihre Teilzeitquoten äußerst niedrig. Wenn Männer Teilzeit arbeiten, dann mitnichten hauptsächlich wegen der Kinder. Gefragt nach den Gründen für Teilzeit, geben Väter an, »keine Vollzeiterwerbstätigkeit zu finden« (28 Prozent) oder diffuse »sonstige Gründe« (27 Prozent), ihre Kinder nennen gerade 20 Prozent der allemal wenigen Väter in Teilzeit.[87]

Das Licht geht aus, wir gehen nach Haus: Die Pandemie
und die Aufgabenverteilung in Paarhaushalten

COVID-19 änderte das Leben von Eltern und Kindern
über Nacht. Bislang hatten ein gutes Drittel der Kinder
unter drei Jahren und fast alle Kinder über drei Jahre
eine Kita besucht, die Hälfte von ihnen 35 Wochen-
stunden und länger. Von den Schulkindern ging die
Hälfte in Ganztagsschulen oder Horte.[88] Mitte März
2020 wurden fast alle Schulen und Kitas geschlossen.
Innerhalb nur weniger Tage. Damit blieben nicht nur
die Kinder, sondern auch mindestens ein Elternteil zu
Hause. Allein systemrelevant beschäftigte Eltern und
Alleinerziehende konnten eine Notbetreuung nutzen,
waren aber aus guten Gründen sehr zögerlich.[89] Zudem
waren alle Eltern angehalten, ihre Kinder nicht von
Großeltern betreuen zu lassen, das Ansteckungsrisiko
erschien zu hoch. Noch im April empfahl ein Gutachten
der Leopoldina, Kitas weiter geschlossen zu halten.[90]
Erst im Mai wurden Kitas und Schulen schrittweise
geöffnet, wobei diese Lockerungen zum Teil als noch
kräftezehrender empfunden wurden als die vollständige
Schließung, für die man mühsam Routinen entwickelt
hatte. Was das konkret bedeutete, berichteten mir drei
Mütter aus meiner Nachbarschaft in Berlin kurz vor den
Sommerferien. Eine alleinerziehende Mutter erzählte
mir: »Meine drei Kinder und ich haben jetzt den folgenden Schulalltag: Mein jüngstes Kind hat alle 3 Wochen
für 3 Stunden Schule. Danach wieder Homeschooling.
Mein mittleres Kind darf freitags für 3 Stunden in die
Schule, sonst hat es Homeschooling. Mein ältestes Kind
geht jeden Dienstag für 3 Stunden in die Schule, sonst

hat es ebenfalls Homeschooling.« Bei einer verheirate-
ten Mutter von drei Kindern sah es so aus: »Die Große
hat seit dieser Woche alle drei Tage 1,5 Stunden Unterricht, die Mittlere geht Montag und Dienstag in die Kita,
jede zweite Woche auch am Mittwoch, die Kleine darf
täglich in die Kita. Was für eine Entlastung.« Eine andere verheiratete Mutter berichtete mir: »Meine Tochter
hat zweimal wöchentlich an festen Tagen von 8.30 bis
14 Uhr Schule, sonst Homeschooling. Mein Sohn aber
hatte bisher nur einmal für 4 Stunden Unterricht.« Was
für ein Chaos. Die Situation war auch in den anderen
Bundesländern nicht besser. Zudem unterschieden sich
die Intensität und die Qualität des digitalen Unterrichts
sehr. Dieser Zustand zog sich lange hin. Von der unre-
gelmäßigen Betreuungs- und Schulsituation waren noch
im Juni 2020 knapp 80 Prozent der Eltern mit Kindern
unter sechs Jahren und knapp 90 Prozent der Eltern mit
Schulkindern betroffen.[91] Dann kamen die langen Sommerferien mit neuen Herausforderungen. Als die Kinder
endlich wieder in die Schulen konnten, mit Masken oder
ohne, in festen Gruppen oder auch nicht, brach in vielen
Bundesländern die Sommerhitze aus. Und die Kinder
standen um 11.45 Uhr wieder vor der Wohnungstür.
Hitzefrei. Bei den Kleinen war es ähnlich. Eine laufende
Nase genügte. Die Eltern erhielten die Nachricht: Bitte
Kind abholen. Risiko.

    Zu den massiven Veränderungen im Alltag der El-
tern, die die Betreuung der Kinder und das Homeschooling mit sich brachten, kamen die Unsicherheiten im Beruf, von den gesundheitlichen Sorgen ganz abgesehen.
Arbeitslose und Selbstständige traf es am härtesten, trotz
der Soforthilfen. Viele sackten auf Arbeitslosengeld oder

Hartz IV ab, hatten kein Einkommen mehr, auf unbestimmte Zeit. Die Kurzarbeit half vielen Angestellten, bald aber wurden die Einkommensverluste auch hier spürbar. Und dann das Homeoffice, eigentlich ein großes Privileg, obwohl sich dadurch das Leben der Eltern zwischen Beruf und anwesender Familie völlig entgrenzte, und das bei oft beengten Wohnverhältnissen.

Was hat diese Situation mit den Menschen gemacht? Wie belastet fühlen sie sich, wie zufrieden? Verwenden sie ihre Zeit anders und, wenn ja, wie und warum? Die vielen aktuellen Untersuchungen stellen eine Bandbreite ganz unterschiedlicher Fragen, die mehr oder weniger eng mit der Retraditionalisierungsthese verbunden werden können. Hierauf ist als Erstes hinzuweisen: Gerade in Tagen von Hochgeschwindigkeitserhebungen muss auch Zeit für den aufmerksamen Blick auf die Datengrundlagen sein. Der Goldstandard ist die wiederholte Befragung derselben Menschen, wodurch sich die Situation in der Familie vor der Pandemie bis zur Zeit danach abbilden lässt. Das Sozioökonomische Panel[92] ist hierfür ein Beispiel oder auch die Mannheimer Corona-Studie.[93] Andere Untersuchungen erfassen »nur« das Hier und Jetzt, vielleicht auch Verläufe während der Krise, sei es mit kleinen Stichproben, die repräsentativ für die Bevölkerung stehen, sei es mit großen Onlinestudien, die mit dem Schneeballsystem in das Leben von sehr vielen Menschen blicken lassen, dafür aber nicht in alle sozialen Kreise vordringen. Bei diesen Erhebungen sollen die Befragten dann angeben, wie es vor der Krise war und sich bestmöglich erinnern. Eine Allensbach-Studie von 1.000 Befragten[94] ist hier zu nennen und eine WZB-Untersuchung, an der sich insgesamt über 10.000 Personen beteiligten, die während der Pandemie dreimal befragt wurden.[95] Und wenn wir schon bei der Statistik sind: Entscheidend ist auch, ob die Daten am Telefon erhoben wurden oder in einem Online-Verfahren (persönliche Befragungen sind nicht mehr erlaubt),[96] welches Haushaltsmitglied interviewt wurde, ob möglichst präzise Zeitangaben erwünscht waren oder gefragt wurde, ob die Arbeitsverteilung gleich geblieben ist oder sich zwischen den Haushaltsmitgliedern neu aufgeteilt hat. Entscheidend ist auch der Blickwinkel der Auswertung. Vergleicht man Frauen und Männer über alle Familienformen hinweg oder Frauen und Männer, die zusammen in einem Haushalt leben? Um ein Richtig oder Falsch geht es dabei nicht. Der Erkenntniswert steigt, wenn wir mehr über die Familienmitglieder wissen. Ein Beispiel: Wie gestaltet sich das Leben in einem Haushalt, wenn die Frau unabkömmlich an ihrem Arbeitsplatz ist, ihr Partner nun aber im Homeoffice arbeitet? Wie ist es umgekehrt? Was passiert, wenn beide im Homeoffice sind oder in Kurzarbeit?

Fassen wir die wesentlichen Ergebnisse der Studien zusammen, sie stimmen meist überein und sind glasklar. Erstens: Familien mit minderjährigen Kindern fühlen sich wesentlich stärker durch die Krise belastet als Familien mit erwachsenen Kindern und kinderlose Haushalte. Zweitens: Alleinerziehende fühlen sich stärker belastet als Eltern, die zusammen in einem Haushalt leben. Drittens: Frauen fühlen sich stärker betroffen als Männer, Mütter stärker als Väter. Wir hatten es geahnt. Aber warum ist das so?

Frauen wurden häufiger als Männer zeitweise von der Erwerbsarbeit freigestellt oder beurlaubt, dies gilt

insbesondere für Alleinerziehende. Selbstständig erwerbstätige Frauen mit und ohne Kinder verloren oft ihre
Aufträge. Zu diesem Ergebnis kommt eine Studie der
Hans-Böckler-Stiftung ebenso wie das ifo-Institut.[97] Das
IAB ergänzt: Auch die Arbeitszeit ging bei Frauen um
10 Prozent stärker zurück als bei Männern, im Schnitt
reduzierten Frauen um wöchentlich 4 bis 5 Stunden –
trotz ihres allemal sehr niedrigen Ausgangsniveaus.[98]
Die IAB-Daten zeigen auch, dass Frauen die Belastung
als deutlich höher wahrnehmen als Männer, insbesondere dann, wenn beide Elternteile im Homeoffice arbeiten.
Entsprechend ist bei Frauen die Zufriedenheit mit der eigenen Gesundheit, dem Schlaf, dem Familienleben und
den sozialen Kontakten stärker gesunken als bei Männern. Besonders hoch sind die Unterschiede in der Zufriedenheit mit der eigenen Freizeit.[98] Die COMPASS/
SOEP-Daten unterstreichen den Befund: Die allgemeine
Lebenszufriedenheit ist bei Müttern mit minderjährigen
Kindern unter 16 Jahren niedriger als bei Vätern.[100]

Wie steht es nun um die Arbeitszeiten und Arbeitsformen von Paaren, die gemeinsam in einem Haushalt
leben? Welche Veränderungen haben sich hier in der
Zeit der Pandemie ergeben? Sehr allgemein wird dies
in einer Querschnittsuntersuchung des Deutschen Ju-
gendinstituts dargestellt.[101] Mütter wie Väter berichten,
deutlich mehr Zeit mit ihren Kindern zu verbringen als
vor der Krise. Bei Eltern mit Kindergartenkindern sagen
das 88 Prozent der Mütter und 75 Prozent der Väter, bei
Grundschulkindern 86 Prozent der Mütter und 70 Prozent der Väter. Interessant ist der Hinweis, dass sich die
angegebenen Anteile sehr danach unterscheiden, ob
der Vater oder die Mutter befragt wurde: Männer geben

jeweils deutlich höhere Werte hinsichtlich ihres eigenen Engagements an, verglichen mit Müttern, die das Engagement ihrer Partner einschätzen.[102] Gehen wir einen Schritt weiter und schauen auf die relativen Anteile der Sorgearbeit innerhalb eines Haushaltes. Hier ist die Untersuchung auf Grundlage des Deutschen Familienpanels[103] besonders nützlich. Im Durchschnitt hat sich die Aufgabenverteilung zwischen Sorge- und Erwerbsarbeit nicht geändert. In Haushalten aber, die vor der Krise vergleichsweise egalitär aufgestellt waren, übernehmen jetzt viele Frauen die Hauptlast der Sorgearbeit. Und in Haushalten, die eine sehr starke Aufgabentrennung praktiziert haben, sieht man ein höheres Engagement der Väter. Insgesamt zeigt die Studie also ein sehr heterogenes Bild.

So weit mein kursorischer Blick auf die im Sommer 2020 vorliegenden Studien. Stützen sie meine These der Retraditionalisierung? Ich denke: Ja. Und greife fünf Aspekte heraus.

Der Verlust an Optionen

Der Auf- und Ausbau der öffentlichen Kinderbetreuung ist eine der größten Errungenschaften von und für Frauen in den letzten Jahrzehnten. Die neue Infrastruktur für Kinder hat dazu beigetragen, dass Frauen erwerbstätig sein konnten und ein Stück Unabhängigkeit von ihren Partnern erreichten. Sie ist für Frauen wichtiger als finanzielle Transfers. Mit der Pandemie hat sich der Staat über Nacht wieder aus der Verantwortung zurückgezogen, ein Rückfall um Jahrzehnte. Bemerkenswert daran ist, dass dies ohne öffentliche Diskussion geschah,

auch ohne direkte Hilfen, wie man sie etwa beim Kurz-
arbeitergeld oder den Soforthilfen für Selbstständige
sehr zeitnah und rasch zur Verfügung gestellt hatte.
Naheliegend wäre es gewesen, Alternativen anzubieten,
helping hands, die zu den Kindern und Eltern nach Hause
kommen, die Kinder betreuen, natürlich nach vorheriger
Testung. Die vielen Studierenden beispielsweise, die ihre
Jobs verloren hatten, wären sicherlich dankbar für diese
Angebote gewesen und hätten die Aufgabe auch gut
erfüllt. So aber war die Situation von Familien mit minderjährigen Kindern lange Wochen überhaupt nicht auf
der Agenda. Die sehr zynische Bemerkung von Gerhard
Schröder, der seinerzeit Familienfragen als »Gedöns«
abtat, lebt auch heute. Ohne Skrupel hat man sich darauf
verlassen, dass sich Eltern in der Krise selbst helfen, sich
neben der Arbeit auch um ihre Kinder kümmern, eigene
Anliegen zurückstellen. Genau das tun sie ja auch. Vor-
geführt fühlen sie sich trotzdem. Und im Stich gelassen.
Dieses Zurück in traditionelle Rollenverteilungen gilt
für Mütter und Väter gleichermaßen und betrifft Mütter
doch so viel stärker. Der Verlust an Optionen ist der erste
Grund, warum ich die These einer Retraditionalisierung
aufrechterhalte.

Der Verlust an Öffentlichkeit

Mit der Erwerbsarbeit verbunden ist immer auch das
Erschließen öffentlicher Räume, ein Leben jenseits der
eigenen vier Wände. Damit sich Menschen entfalten
und Optionen nutzen können, ihr Leben zu gestalten, ist
dies ungemein wichtig. So funktional Heimarbeit für die
Vereinbarkeit von Beruf und Familie auch sein mag, so

gefährlich ist der nicht immer freiwillige Rückzug in das eigene Zuhause. Er schränkt den Radius von Menschen ein, beschneidet neue Erfahrungen, den Kontakt zu Fremden. Früh warnte ich in diesem Zusammenhang vor einer Entwicklung, die ich als Ver-Heimlichung von Frauen bezeichnet habe, und bin diesbezüglich noch immer besorgt. Der Rückzug ins Private hilft der Gleichstellung nicht, im Gegenteil. Im schlimmsten Fall öffnet er ein Ventil zu mehr häuslicher Gewalt. Der weibliche Körper ist dieser Form sexualisierter Gewalt vor allem im Privaten schutzlos ausgeliefert. Auch das hat die Pandemie sehr deutlich gezeigt. Auch das ist Teil der Retraditionalisierung.

Der Entzug von freier Zeit

Drei Dinge stören mich besonders in der Diskussion um die Retraditionalisierung. Die Verkürzung auf das Verhältnis zwischen Männern und Frauen. Die Verkürzung auf die Messung von Zeit als Indikator für die Erziehung von Kindern und Hausarbeit. Und die Ignoranz der simplen Tatsache, dass ein Tag nur 24 Stunden hat.

Es geht also um die unbezahlte Zeit, sie zu messen gleicht einer Fliegenbeinzählerei. Denn eigentlich stellen sich hier Fragen nach der Zuständigkeit und Verantwortung. Beides aber lässt sich nicht in Stunden oder Minuten messen. »Eine Stunde Verantwortung« würde niemand sagen, »30 Minuten Zuständigkeit« auch nicht. Man zählt die Minuten auf dem Spielplatz, nicht aber das Grübeln in der Nacht. Eine gute Freundin, Mutter von drei kleinen Töchtern, erzählt: »Wenn ich endlich im Bett liege, kann ich nicht einschlafen, da ich mich frage, ob die drei Kids alles für den nächsten Tag haben. Das Geschenk für den Geburtstag morgen? Die Schulhefte? Die Sportsachen? Wie kann ich sie wann wohin bringen?« Wird die Verantwortung erfasst, diese organisatorische Zuständigkeit und Meisterleistung fast aller Mütter, wenn wir in Zeiteinheiten messen? Nein. Die Zeit sagt nur wenig darüber aus, wie viel wir uns mit der Familie beschäftigen. Welche Verantwortung wir tragen und empfinden, welchen Organisationsauftrag wir definieren und annehmen, und, in der Sprache dieser Tage: wie hoch unsere *mental load* ist. Verantwortung bemisst sich nicht in Minuten und Stunden. Und doch nutzen wir diese einfache Metrik.

Selbst wenn wir bei der Einheit Zeit bleiben, sie als Annäherungswert verstehen, der sich vergleichsweise einfach erheben lässt, müssen wir uns weiter eingestehen, dass wir den Zeitverbrauch nur in sehr groben Kategorien erfassen. Erwerbstätigkeit, Fürsorge, Hausarbeit. Das war's auch schon. Die für uns alle so wichtige Zeit für uns selbst fällt meist unter den Tisch. Damit verbunden und doch viel wichtiger: Zeit ist ein endliches Gut. Der Tag hat 24 Stunden, eine klare Grenze. Schauen wir nochmals auf die gerade berichteten Daten. Wenn Mütter ihre unbezahlten Arbeitsstunden weiter erhöhen, ist der Anstieg in manchen Fällen prozentual niedriger als der von Männern. Absolut gesehen stoßen sie aber an zeitliche Grenzen, erreichen leicht einen 18-Stunden-Tag. Kann man da ernsthaft darauf hinweisen, dass sich der Gender Care Gap etwas geschlossen hat? Muss man nicht zumindest betonen, dass Väter so viel mehr Luft nach oben haben? In den Arbeitswissenschaften erhebt man die Produktivität über den Tag hinweg und kommt zu dem Ergebnis, dass die Produktivität nach einem linearen Anstieg am Vormittag im Laufe des frühen Abends massiv abnimmt. Ein »Je mehr Arbeit, umso höher die Produktivität« passt also nicht. Und im Sport weiß man, dass es leichter ist, sich von mäßigen Leistungen auf mittlere Leistungen zu verbessern als von guten Leistungen auf Spitzenwerte. Es geht um Grenzlasten.

Die Gnade erzwungener Partnerschaftlichkeit

Die Erwerbsformen von Frauen und Männern können danach unterschieden werden, wie viel zeitliche Flexibilität sie mit sich bringen. Arbeitet man in systemrelevanten Jobs, ist man wenig flexibel, im Homeoffice dagegen sehr.[104] Arbeitet man in Vollzeit, ist man weniger flexibel als in Teilzeit. Als Hauptargument gegen die Retraditionalisierung wird genannt, dass einige Frauen in Zeiten der Krise weniger flexible Arbeitsformen haben als Männer. Daher bleibt den Männern nichts anderes übrig, als sich um die Kinder zu kümmern oder um die Hausarbeit. Es geht hier also nicht darum, dass Männer ihre Einstellungen ändern, es geht um reinen Pragmatismus, man könnte auch sagen um puren Zwang aufgrund neuer Rahmenbedingungen. Für innerhäusliche Aushandlungsprozesse ist das keine gute Grundlage. Und erst recht wird sich so das Verhalten nicht nachhaltig ändern. Am Beispiel der Teilzeiterwerbsarbeit von Männern haben wir gesehen, dass sie dann zwar kurzfristig die Care-Arbeit übernehmen, sich aber sofort daraus verabschieden, wenn sie wieder in einem Vollzeitjob sind. Es ist davon auszugehen, dass sich auch während der Pandemie die Einstellungen vieler Männer nicht geändert haben. Sie wurden erst dann aktiv, als die Frauen quasi »eingezogen« wurden und in den systemrelevanten Berufen arbeiten mussten. Da gab es keine Freiheitsgrade, keine Alternative. Nicht für Mütter, nicht für Väter.

Die Demütigungen der Klassengesellschaft

Eltern wollen das Beste für ihre Kinder, stecken eigene Ziele und Pläne für diese zurück. Für die meisten ist es schrecklich, wenn sie ihren Vorstellungen nicht genügen (können). Eltern wissen, dass Kinder das Miteinander mit Gleichaltrigen dringend brauchen, sich erproben, beweisen wollen. Wie wichtig es für sie ist, die Regeln des Umgangs miteinander zu lernen und Freundschaften zu erleben. Eltern wollen ihren Kindern helfen. Aber viele können das nicht. Ganz besonders gilt dies für Eltern, die selbst keine gute Bildung und Ausbildung erhalten durften. Sie können die Schule nicht ersetzen, nicht in Mathematik, Biologie, bei den Sprachen helfen. Finanzielle Ressourcen für Nachhilfe haben sie nicht, auch nicht die Kontakte zu Menschen, die helfen könnten. Sie stehen hilflos vor ihren Kindern. Ein bedrücktes Achselzucken. Heinz-Elmar Tenorth hat den Begriff der »Refeudalisierung« verwendet und darauf verwiesen, dass Kinder mehr als zuvor innerhalb ihrer sozialen Schicht verharren müssen, soziale Mobilität schwieriger geworden ist. Ich finde die Bezeichnung sehr treffend. Und sehe auch darin ein Zeichen für die Retraditionalisierung unserer Gesellschaft.

Führen wir uns die genannten fünf Punkte vor Augen – den Verlust an Optionen, den Verlust an Öffentlichkeit, den Entzug von freier Zeit, die Gnade erzwun-

gener Partnerschaftlichkeit und die Demütigungen
der Klassengesellschaft – so stellen wir fest, dass diese
prinzipiell auf alle Menschen in Deutschland zutreffen
könnten. Bereits vor der Pandemie waren sie allerdings
deutlich geschlechtsspezifisch geprägt. Die Krise hat
diese Unterschiede ans Licht gebracht und weiter ver-
schärft.

DAS LEBEN MEINER
ENKELTOCHTER: EIN FAHRPLAN

Zäh zog sich der Sommer 2020. Corona und Trump, Trump und Corona, dazwischen etwas EU. Planbar war nichts mehr, nicht die Arbeit, nicht die Schule, nicht die Ferien. Die soziale Ungleichheit nahm zu, Ungleichheit in Bezug auf Geschlecht,[105] Gesundheit,[106] Bildung[107] und Tätigkeitsbereiche. Vielen Kulturschaffenden ging die Luft aus, von Tourismus und Events abhängige Branchen ächzten von Tag zu Tag mehr, nicht genug zum Leben, zu viel Hoffnung zum Aufgeben. Unsicherheit nagt am meisten. Neue Trennlinien entstanden. Der Arbeitsort gewinnt an Bedeutung. Im Betrieb? Zu Hause?

Die Frauenfrage hielt sich gerade mal sechs Monate in der Politik, den Medien und der öffentlichen Aufmerksamkeit. Bereits Ende August war sie wieder weitgehend von der Tagesordnung verschwunden. Hier und da tauchten Geschlechterfragen noch auf bei Diskussionen über New Work, digitales Arbeiten, Homeoffice, allerdings unsystematisch, ohne Nachdruck, nicht mehr als ein kleiner Exkurs.

Aber der Leidensdruck bleibt. Zum Besseren hatte sich rein gar nichts gewendet. Die Corona-Krise hat es nicht geschafft, den notwendigen Handlungsdruck zu erzeugen und die vielen Ungleichheiten zwischen Männern und Frauen endlich auszuräumen. Die Diskussionen verloren sich auf Nebenschauplätzen, wie dem eher belanglosen Hin und Her, ob sich Väter nun einige Minuten mehr als früher um die Kinder und den Haushalt kümmern.

Und so war der warme September 2020 dunkler als erwartet. Den vielen anerkennenden Worten für Menschen in systemrelevanten Tätigkeiten, Frauen wie Männer, folgten in nur wenigen Bereichen tarifpolitische Konsequenzen. Hier und da streikten die Pflegerinnen und Pfleger von Kliniken oder die Erzieherinnen und Erzieher von Kindertagesstätten – eine breite Solidarisierungswelle blieb aber aus. Viele Eltern waren zu erschöpft nach all den Monaten ohne Hilfe bei der Kinderbetreuung, langen Sommerferien, hitzefreien Tagen und dem kleinen Schnupfen ihrer Lieben, der sie ins Haus zwang.

Aber es grummelte und gärte. Unzufriedenheit lag in der Luft. Dann geschah das, was frühere Erfahrungen und Forschungsergebnisse erwarten ließen. Männer erhöhten in den Wochen nach dem Lockdown wieder schneller als Frauen ihre Arbeitszeit, gingen schneller Schritte zurück in die Normalität. Im Oktober veröffentlichte Daten zeigen das deutlich. Vergrößerten sich in der frühen Phase des Lockdowns hauptsächlich Unterschiede zwischen Eltern und kinderlosen Menschen, mit deutlichen, aber vergleichsweise geringen Abständen zwischen Vätern und Müttern, so näherten sich die Arbeitszeiten nach dem Lockdown zwischen Eltern und kinderlosen Menschen wieder an. Die Schere aber zwischen Müttern und Vätern öffnete sich umso mehr.[108]

Doch nicht nur das frustrierte und irritierte. Es gab weitere Déjà-vus. Hatte man zu Beginn der Pandemie mit der Schließung von Kindertagesstätten und Schulen nicht an die Folgen für Frauen, Familien und Kinder gedacht, so musste man nun zur Kenntnis nehmen, dass die Anliegen von Frauen auch in der Regierungsarbeit ganz hintenan standen. In Sachen FüPoG II tat sich nichts. Diese sperrige Abkürzung steht für das im Koalitionsvertrag verankerte Vorhaben, den Zugang von Frauen in Führungspositionen voranzutreiben. Nun könnte man vermuten, dass der Koalitionsvertrag allemal noch viele unbearbeitete Punkte enthält. Dies trifft aber nicht zu. Bereits in den ersten 18 Monaten ihrer Regierungsarbeit, im September 2019, hatte die Große Koalition zwei Drittel der 296 Koalitionsversprechen umgesetzt oder substanziell angepackt.[109] Auffällig auch, dass weitere Vorhaben seitdem und bis in den Herbst 2020 hinein durchaus weiter vorangetrieben wurden, zuletzt die Gesetzesverordnung über das Recht auf Heimarbeit. Warum also tat sich in Sachen Gleichstellung nichts? Hier fehlt offenbar der Wille, das Thema überhaupt anzugehen.

Anfang Oktober erschien zudem der neue Bericht der AllBright Stiftung.[110] War in den letzten Jahren der Frauenanteil in Vorstandsetagen noch minimal gestiegen, wird nun gemeldet, dass der Frauenanteil in DAX-Vorständen gesunken ist. Auch wenn dieser Effekt zum Teil darauf zurückzuführen ist, dass sich im Jahr 2020 die Gruppe der 30 DAX-Unternehmen etwas anders zusammensetzt als 2019, sind lediglich 12,8 Prozent Frauen in DAX-Vorständen ein Zeichen größten Misstrauens gegenüber den Fähigkeiten von Frauen und deren Bereitschaft, Führungspositionen ausüben zu wollen. Dies ist nicht überall so. Der AllBright-Bericht zeigt eindrücklich, dass in den USA, Schweden, Großbritannien und Frankreich deutlich über 20 Prozent der Vorstände mit Frauen besetzt sind. Fast noch demütigender aber ist, dass sich 55 der 160 in den Indizes DAX 30, MDAX und SDAX vertretenen Börsenunternehmen bezüglich ihres Frauenanteils in Vorständen bis 2022 die Zielgröße Null gesetzt haben, darunter vier Unternehmen der DAX-30-Gruppe. Diese Unternehmen streben nicht einmal an, auch nur eine Frau in den Vorstand zu berufen. Welch ein Zeichen für die vielen Frauen, die in diesen und anderen Unternehmen arbeiten. Welch ein Nackenschlag für die ambitionierten jungen Frauen, die Leitbilder, die Visionen, die Zukunftsoptionen brauchen.

Etwa zeitgleich gelangte auch ein Schreiben an die Öffentlichkeit, welches bereits im Juni von Teilen des Vorstands der Deutschen Bahn an einige Regierungsvertreter und -vertreterinnen geschickt worden war.[111] Gegenstand war das Vorhaben der Bundesregierung, das Gleichstellungsgesetz auf große Firmen im Staatsbesitz auszudehnen, also dort die Frauenquote auf 50 Prozent in Führungspositionen zu heben und die Zahl der Gleichstellungsbeauftragten aufzustocken. Diese Pläne seien, so Teile der Bahnleitung, »mit erheblichen negativen Auswirkungen verbunden« und führten zu »einer Verschärfung des ohnehin gravierenden Fachkräftemangels in technisch-operativen Berufen bei der DB«.[112]

In dieser Gemengelage geschieht dann aber etwas, was ich im April nie und nimmer erwartet hätte: Es formiert sich eine außerparlamentarische Opposition. Frauen aus Wirtschaft, Wissenschaft, Kultur und Sport treffen sich, organisieren sich, verbinden sich in klassischen Print- wie in digitalen sozialen Medien. Der Hashtag »#ichwill« entsteht, ebenso »#jetztreichts«. Ein Auftritt in der Bundespressekonferenz folgt, viele Medien reagieren und fragen nach. Die Frauen fordern, den Entwurf zum FüPoG II endlich zu bearbeiten, zumindest sollen Unternehmen die Zielgröße Null begründen müssen. Außerdem soll die Quote von 50 Prozent für große Firmen im Staatsbesitz umgesetzt werden. Gefordert wird auch eine feste Quote von 30 Prozent für Vorstandspositionen in DAX-notierten Unternehmen. Nun ließe sich einwenden, was denn eine Kassiererin, eine Krankenpflegerin oder eine Erzieherin von Frauenquoten für Führungspositionen hat. Die Antwort: Quoten senden ein mächtiges Signal für die Gleichstellung in der Breite. Sie stehen für gleichen Lohn für vergleichbare Erwerbsarbeit, Anpassung der unbezahlten Care-Arbeit von Frauen und Männern, für mehr Sichtbarkeit von Frauen, für Vorbilder. Nur so können Geschlechterstereotype abgebaut, nur so die großen Unterschiede im Lebenseinkommen reduziert und ordentliche Altersrenten erzielt werden. »#ichwill« und »#jetztreichts« stehen für Frauen in jedem Alter, für alle Bereiche unseres Erwerbslebens, für alle Positionen.

Noch kann ich nicht sagen, ob sich die Dynamik des Oktobers 2020 halten wird. Der Anfang aber ist gemacht, vier klar umrissene Ziele sind definiert. Mein Fahrplan steht. Gemeinsam müssen Frauen, müssen Frauen und Männer, die Gleichstellung entschlossen vorantreiben. Es geht nur gemeinsam. Unsere Kinder und Enkelkinder sollten nicht noch einmal hundert Jahre warten müssen. Wir müssen handeln, und zwar jetzt.

Ziel 1:
Die Entwicklung einer klaren familien- und arbeitsmarkt-
politischen Ausrichtung

Familien in Deutschland werden nach wie vor Anreize gegeben, die in ganz unterschiedliche Richtungen weisen.
Das Ziel einer eigenständigen Sicherung von Frauen ver-
trägt sich nicht mit dem Ehegattensplitting, das ungleiche
Einkommen in Partnerschaften belohnt. Kurzfristig führt
dies zwar zu finanziellen Erleichterungen, mittel- und
langfristig aber geht dies meist zulasten von Frauen.
Das Ehegattensplitting muss umgebaut werden, etwa in
Richtung eines Familiensplittings. Österreich ist diesen
Weg bereits 2009 gegangen, hat sich vom Ehegattensplitting gelöst und die Familienbesteuerung eingeführt.
Die absolute Steuererleichterung ist hier umso höher,
je mehr Kinder und je mehr Einkommensbezieher eine
Familie besitzt.[113] Auch geringfügige Beschäftigungsver-
hältnisse müssen abgeschafft werden. Sie bringen zwar
450 Euro im Monat, führen mittel- und langfristig aber zu
deutlichen Renteneinbußen, da sie nicht rentenversichert
sind. Gleiches gilt für die kostenlose Mitversicherung.
Auch sie erhöht die Abhängigkeit vom Hauptverdiener,
meist dem Mann. Und damit auch das Risiko, im Alter
ohne ausreichende finanzielle Mittel dazustehen.

Werden diese Maßnahmen zügig umgesetzt, wird
meine Enkeltochter Marie nicht zwischen zwei großen
Heuhaufen stehen. Niemand wird ihr sagen können,
dass sich ihre Erwerbstätigkeit eigentlich nicht recht
lohnt, das verdiente Geld zu einer höheren Besteuerung
des Haushalts führt. Sie muss sich nicht dafür rechtfertigen, dass sie erwerbstätig ist, finanziell unabhängig sein

will. Sie wird aber auch nicht hängen gelassen, da sie ganz selbstverständlich eine finanzielle Unterstützung für ihre Kinder erhält, die gute Kindertagesstätten und Ganztagsschulen besuchen. Davon profitiert auch der Vater ihrer Kinder.

Ziel 2:
Angleichung der bezahlten und unbezahlten Arbeit
zwischen Frauen und Männern

Die ungleiche Arbeitszeit von Männern und Frauen ist einer der maßgeblichen Gründe, warum Frauen ein geringeres Monats-, Jahres- und Lebenseinkommen haben als Männer und somit auch eine wesentlich geringere Altersrente. Daran ändert auch die rentenwirksame Anrechnung von Erziehungszeiten wenig. Niedrige Arbeitszeiten laufen selten auf Führungspositionen hinaus, sie zementieren zudem den hohen Gender Care Gap. Deutlich zeigt dies eine Studie der Bertelsmann Stiftung, in der das erwartete Lebenseinkommen von heute 30-jährigen Frauen und Männern verglichen wird. »Ausgedrückt in absoluten Zahlen erzielen Frauen in Westdeutschland [...] ein erwartetes durchschnittliches Lebenserwerbseinkommen von rund 830.000 Euro, während Männer mit durchschnittlich rund 1,5 Millionen Euro rechnen können. In Ostdeutschland fallen die erwarteten Lebenseinkommen insgesamt geringer aus. Frauen kommen hier auf rund 660.000 Euro, Männer auf knapp 1,1 Millionen Euro.«[114] Die Lücke im Lebenserwerbseinkommen beträgt damit 45 Prozent in West- und 40 Prozent in Ostdeutschland. Besonders hart trifft es die heute 30-jährigen Mütter, die ein Lebenserwerbseinkommen von 580.000 Euro (West) bzw. 570.000 Euro (Ost) zu erwarten haben, während kinderlose Frauen sich dem Verdienst der Männer annähern. Rund die Hälfte der Lücke lässt sich dabei auf die hohe Teilzeitbeschäftigung von Frauen und deren längere Auszeiten zurückführen.[115]

Die Arbeitszeitlücke muss geschlossen werden.

Eine höhere Geschlechtergerechtigkeit kann durch ganz unterschiedliche Maßnahmen erzielt werden. Voraussetzung ist jeweils ein umfassender Ausbau einer qualitativ hochwertigen Betreuung von Kindern und Jugendlichen in Kitas und Ganztagsschulen. Nur dann können alle Frauen, also auch Mütter, ihre Erwerbsarbeit von Teilzeit auf ununterbrochene Vollzeit aufstocken, ihre Erwerbsverläufe also an die der Männer anpassen. Der andere und aus meiner Sicht bessere Weg besteht darin, dass Männer ihre Erwerbsarbeit reduzieren und damit endlich einen aktiven Schritt auf die Frauen zu machen. Ziel ist eine etwa 32-Stunden-Woche für alle, berechnet als Schnitt über den gesamten Lebensverlauf, mit Phasen niedrigerer oder höherer Arbeitszeit. Eine entsprechende Arbeitszeit kann in einer Vier-Tage-Woche umgesetzt werden, mit einem freien Wochentag für beide Elternteile oder einer geringeren Arbeitszeit verteilt über alle Wochentage. Früh habe ich mich für dieses Modell ausgesprochen.[116] Gerade die Monate der Pandemie haben (wieder) gezeigt, dass viele Menschen dieses Modell wünschen und die Entschleunigung eines überladenen Lebens fordern.[117] Zudem wurde während des Lockdowns auch deutlich, dass insbesondere die Abwesenheit der Mütter dazu führt, dass die Väter mehr anpacken und sich der Gender Care Gap etwas reduziert.

In der Pandemie waren es die systemrelevanten Tätigkeiten, die Frauen davor schützten, noch mehr Care-Arbeit zu leisten. Wir müssen diese Erkenntnis nutzen und
in eine neue Normalität übersetzen, unabhängig von be-
stimmten Tätigkeiten.

Wie auch immer die Politik entscheidet – im Kern
muss es um eine Umverteilung der Care-Arbeit zwischen Frauen und Männern gehen. So fordert der Zweite Gleichstellungsbericht der Bundesregierung eine
zweiwöchige »Vaterschaftsfreistellung« nach der Geburt des Kindes, um die frühe Bindung zwischen Vater
und Kind zu unterstützen.[118] Ebenso sollte der Schlüssel
der Erziehungsmonate geändert werden. Statt der zwei
Elternmonate, die zusätzlich zu den zwölf garantierten
Elternmonaten nur dann gewährt werden, wenn sie von
dem jeweils anderen Elternteil in Anspruch genommen
werden (das sind fast immer die Väter), sollte man auf
einen Schlüssel von acht zu vier Monaten umsteigen.
Hierdurch könnte die Zeitspanne verringert werden,
in der Mütter ihre Erwerbsarbeit unterbrechen. Unterstützen könnte man das höhere Engagement der Väter
durch gezielte Kampagnen, wie wir sie etwa aus Schweden kennen und mit denen Stereotypisierungen abgebaut werden. Dort nehmen Väter zwischen sechs und
neun Monaten Elternzeit und sind beliebte Werbeträger
auf vielen Plakatwänden und in Schulbüchern.

Betriebe setzen bei ihren Maßnahmen zur Vereinbarkeit von Beruf und Familie meist auf flexible Arbeitszeiten, Homeoffice und temporäre Freistellungen, oft
begleitet von sogenannten *mummy tracks*. Darunter ver-
steht man Karrierewege, die höchstens bis in mittlere
Führungspositionen führen und dabei auf die Bedarfe

insbesondere von Müttern Rücksicht nehmen. Diese Formen der Vereinbarkeit sind kurzfristig hilfreich, aber wenig zielführend, wenn es um die Chancengleichheit von Frauen und Männern geht. Gehobene Führungspositionen erreicht man so jedenfalls nicht. Vereinbarkeit und Gleichstellung müssen miteinander verbunden werden.

Werden diese Maßnahmen zügig umgesetzt, wird meine Enkeltochter Marie das Vergnügen haben, früh in ihrem Leben einige Monate mit ihrer Mutter, andere mit ihrem Vater verbringen zu können. Dank der Vaterschaftsfreistellung kann ihr Vater schon in den allerersten Lebenstagen bei ihr sein. Später teilen sich ihre Eltern ganz selbstverständlich die Elternzeit, ihre Mutter muss da gar nicht viel einfordern, die institutionellen Regelungen sind ganz klar, da gibt es keine Diskussionen. Und auch später sieht Marie ihre Eltern regelmäßig, beide. Mein Sohn setzt seine Vorstellungen um, arbeitet an vier Tagen in der Woche. Anders als sein Vater muss er deshalb keine Konflikte am Arbeitsplatz austragen. Es wird ihm auch nicht gesagt, dass seine Karriere dadurch Schaden erleiden werde. Marie wird in einer Welt anderer Selbstverständlichkeiten aufwachsen, für Frauen wie für Männer.

Ziel 3:
Gleicher Lohn für vergleichbare Erwerbsarbeit

Die hohen Unterschiede im Stundeneinkommen zwischen Männern und Frauen sind größtenteils mittel- und langfristige Folgen der langen Erwerbsunterbrechungen und geringen Arbeitszeiten von Frauen. Hinzu kommen die im Schnitt niedrigeren Löhne in sogenannten Frauenberufen. Reduziert man den Gender Care Gap, wird sich somit auch der Gender Pay Gap etwas schließen. Doch das wird nicht reichen.

Wir müssen die Lohnstrukturen für vergleichbare Berufe anpassen.

Wir müssen es aber auch schaffen, mehr Frauen in Männerberufe und mehr Männer in Frauenberufe zu bringen. Das wird viel ändern. Wir müssen die Verhandlungsposition von Frauen stärken, in denen wir die Löhne offenlegen, wie es das Entgelttransparenzgesetz von 2017 fordert. Es gilt für Unternehmen mit mehr als 500 Beschäftigten. Die meisten Frauen arbeiten aber in kleineren Einrichtungen, entsprechend muss das Gesetz auf kleinere Betriebe ausgeweitet werden. Transparenz zu fordern ist der erste, die gefundene Lohnlücke zu schließen ist der notwendige nächste Schritt.

Werden diese Maßnahmen zügig umgesetzt, wird meine Enkeltochter Marie ihr Gehalt nicht mehr verhandeln müssen, zumindest nicht in dem Maße, wie meine Mutter oder ich es mussten. Marie muss nicht erraten, was ihre Arbeit wert sein, was als angemessen oder überzogen erscheinen könnte. Tarife wurden in allen Tätigkeitsbereichen systematisch überarbeitet, die Gehälter sind transparent. Meine Enkeltochter kann sich an ihnen orientieren, hat verlässliche Kriterien.

Ziel 4:
Den Anteil von Frauen in Führungspositionen erhöhen

Frauen in Führungspositionen kommt eine hohe Signalwirkung zu. Sie sind sichtbar. Sie sind Vorbilder. Sie zeigen, dass auch Frauen erfolgreich sein und führen

können. Sie sind viele. Sie sind Frauen in allen Bereichen von Wirtschaft, Wissenschaft, Sport, Kultur und
Zivilgesellschaft. Das ist für die jungen Frauen von heute
extrem wichtig. Außer Frage steht mittlerweile, dass es
genügend Frauen gibt, die bereit sind, Führungspositionen zu übernehmen. »Ich will«, sagen die Frauen, die
sich auf den Weg zu mehr Verantwortung machen. »Die
Pipeline ist gut gefüllt«, berichten alle, die es wissen
müssen. Das ist nicht neu. Umso dringlicher ist es, dass
wir aus der Defensive heraustreten und in die Offensive
übergehen. Das Problem liegt nicht bei den Frauen, es
liegt bei den Männern, die sich Veränderungen verweigern. Frauen in Führungspositionen werden der Wirtschaft sehr guttun, das haben wir gesehen. Der Frauenanteil in Aufsichtsräten ruiniert unsere Wirtschaft nicht,
der Frauenanteil in Vorständen öffentlicher Betriebe
ebenso wenig. Und auch der ARD-»Presseclub« ist nicht
schlechter geworden, seitdem er paritätisch besetzt ist.
Um die Grundlage für eine geschlechtergerechte Welt zu
schaffen, brauchen wir feste Quoten. Jetzt.

Marie wird Quotierungen dann nicht mehr brauchen. Das FüPoG II wurde umgesetzt. Der Frauenanteil
in den Vorständen der Unternehmen ist gestiegen. Über
die Zeit wurden die magischen 30 Prozent Frauen im
Vorstand erreicht und brachten auch hier eine andere
Selbstverständlichkeit. Die Wirtschaft hat erfahren, wie
gut eine diverse Führung arbeitet, wie sehr die Bedarfe
aller Mitarbeiterinnen und Mitarbeiter berücksichtigt
werden können.

Damit sind die wichtigsten Punkte benannt, wie wir ech-
te Gleichberechtigung zwischen Frauen und Männern

herstellen. Jetzt müssen die Ziele mit ambitionierten Vorgaben hinterlegt werden, wann was zu erreichen ist. Diese Umsteuerung unserer Gesellschaft kann und darf aber nicht Aufgabe der Frauen allein sein. Wir alle profitieren von einer gerechteren Gesellschaft. Wir alle müssen uns dafür einsetzen. Auch wenn zunächst wieder nur Frauen auf dem Podium sitzen und ihre Rechte erstreiten: Letztlich geht es nur gemeinsam.

DANK

Heute, am 7. November 2020, bin ich erleichtert. Kamala Harris wird Vizepräsidentin der USA. Welch ein Zeichen. In Deutschland bekennt sich eine immer größer werdende Gruppe von Frauen zur Quote und kämpft für diese. Die Regierungskoalition wird sich erklären müssen. Warum geht man ausgerechnet das Führungspositionsgesetz II nicht an, diesen kleinen, völlig kostenneutralen und die Zukunft eröffnenden Absatz im Koalitionsprogramm? Warum erkennt man nicht, welch starkes Zeichen das wäre in diesen Zeiten massivster Belastungen, insbesondere junger Mütter? *»While I may be the first woman in this office, I will not be the last. Because every little girl watching tonight sees that this is a country of possibilities«*, so einer der ersten Sätze der gerade gewählten Vizepräsidentin. »Ich bin die erste Frau in diesem Amt, aber ich werde nicht die letzte sein. Alle jungen Mädchen sehen heute, was in diesem Land möglich ist.«

Bisher hatte mich dieses außergewöhnliche Jahr eher gedrückt. Der pandemiebedingte Verzicht auf ein volles Leben ist mir nicht leichtgefallen. Die lehrreichen und ausgelassenen Essen mit Freundinnen und Freunden haben mir gefehlt, Begegnungen mit Fremden, neue Eindrücke. Auch wenn ich eigentlich gerne am Tisch sitze und schreibe, so saß ich in den letzten Monaten viel zu viel daheim. Das tat nicht gut.

Nun ist das Buch fertig geschrieben. Geholfen haben dabei viele wunderbare Menschen. Rebekka Göpfert, meine Agentin, hat den Weg zum Ullstein Verlag geöffnet und damit zu Julika Jänicke und Solveig Raschpichler. Von ihnen kam der Anstoß, dieses Büchlein zu schreiben, von ihnen bekam ich aufmerksame Kritik, viele Hinweise, schlaue Tipps. Vor allem aber wussten sie mit mir umzugehen, den schmalen Grat zwischen Druck und Verständnis zu finden. Für all das bin ich sehr dankbar. Jana Schrewe hat auch dieses Buch begleitet. Als gefragte Lektorin musste sie meine Seiten kunstvoll zwischen andere Aufträge schieben, viel jonglieren und war bei jedem Gespräch dennoch tiefenentspannt, vorbereitet, klug. Welch ein Glück, dass ich sie kenne und sie mir hilft.

Das Schreiben dieses Buches war ein nur kleiner Teil meines Lebens in den letzten Monaten. Die Leitung des Wissenschaftszentrums Berlin für Sozialforschung, die Lehre an den Berliner Universitäten, die Arbeit für viele Kommissionen kosteten viel mehr Zeit. Alles musste umgestellt werden. Die Stunden für das Buch wurden mir geschenkt von vielen, die umso mehr gefordert waren. Ohne die fabelhafte Miriam Godefroid, die mein Büro leitet, ohne Rut Ferner, die überall hilft und meine Vorträge koordiniert, ohne Joshua Perleberg und sein Team, welches meiner Arbeit in so vieler Hinsicht hochprofessionell den Boden bereitet – ohne diese und viele weitere Menschen dieses großartigen Instituts wäre das nicht zu schaffen gewesen. Nicht in diesen Zeiten. Und auch sonst nicht. Danke. Zwei Menschen gilt mein be-

sonderer Dank: Ursula Noack, der administrativen Ge-
schäftsführerin des WZB, und Harald Wilkoszewski,
dem Leiter für Kommunikation und Information. Beide
wuppen unendlich viel und machen ihre Sache unendlich gut. Mein Vertrauen in sie ist grenzenlos.

In diesem Jahr hat mein Sohn in einer beeindru-
ckend unaufgeregten Art sein Staatsexamen bestanden.
Mit seiner Freundin lebt er sein Leben. Unabhängigkeit
hilft Beziehungen, auch zwischen Müttern und Söhnen.
Mein Partner, schon immer unaufgeregt, feilt, schraubt,
komponiert und macht mehr Musik denn je. Beiden
Männern danke ich für offene Worte und die Ruhe in
meinem Leben, für die morgendlichen Liedchen in
meiner Inbox, am meisten aber für das Wissen, dass es
gemeinsam geht. Und nur so.

»#ichwill« und »#jetztreichts« gehen weiter. Wir werden siegen.

ABBILDUNGS- UND
TABELLENVERZEICHNIS

LITERATUR

AllBright-Stiftung (Hrsg.) (2020). *Deutscher Sonderweg. Frauenanteil in DAX-Vorständen sinkt in der Krise*. AllBright-Stiftung. https://cdn.prod.www.spiegel.de/media/1bdb2ed3-8314-4663-9d83-6c784db704ea/AllBrightBericht_Herbst+2020.pdf

Allmendinger, J. (2009). *Frauen auf dem Sprung: Wie junge Frauen heute leben wollen – Die BRIGITTE-Studie*. Pantheon.

Allmendinger, J. (2010). *Verschenkte Potenziale? Lebensverläufe nicht erwerbstätiger Frauen*. Campus Verlag.

Allmendinger, J. (2017). *Das Land, in dem wir leben wollen. Wie die Deutschen sich ihre Zukunft vorstellen*. Pantheon.

Allmendinger, J. (2018). Sind die Besten wirklich die Besten? Wettbewerb und Chancengerechtigkeit auf dem Prüfstand. In P. Strohschneider, G. Blamberger & A. Freimuth (Hrsg.). *Vom Umgang mit Fakten. Antworten aus Natur-, Sozial- und Geisteswissenschaften*. Wilhelm Fink Verlag. (S. 91–98). https://www.fink.de/view/book/edcoll/9783846763810/BP000009.xml

Allmendinger, J. (2020a, April 14). *Kritik an Leopoldina-Empfehlung: »Das Wohlergehen der Frauen wird nicht adressiert«* (A. Burchard) [*Der Tagesspiegel*]. https://www.tagesspiegel.de/wissen/kritik-an-leopoldina-empfehlung-das-wohlergehen-der-frauen-wird-nicht-adressiert/25739444.html

Allmendinger, J. (2020b, Oktober 29). Das Versprechen der Krise. *Die Zeit*. https://www.zeit.de/2020/45/vermaechtnisstudie-corona-klimakrise-digitaler-wandel/komplettansicht

Allmendinger, J., Haarbrücker, J., & Fliegner, F. (2013). *Lebensentwürfe heute: Wie junge Frauen und Männer in*

Deutschland leben wollen. Kommentierte Ergebnisse der Befragung 2012 (Working Paper P 2013-002). WZB Discussion Paper. https://www.econstor.eu/handle/10419/86149

Allmendinger, J., & Perleberg, J. (2020, Mai 27). Streit um die Grundrente: Warum die Einkommensprüfung fallen muss. *Der Tagesspiegel.* https://www.tagesspiegel.de/politik/streit-um-die-grundrente-warum-die-einkommenspruefung-fallen-muss/25864580.html

Angelici, M., & Profeta, P. (2020). Smart-Working: Work Flexibility without Constraints. In *CESifo Working Paper Series* (Nr. 8165; CESifo Working Paper Series). CESifo.

Arntz, M., Yahmed, S. B., & Berlingieri, F. (2020). *Working from Home and Covid-19, The Chances and Risks for Gender Gaps* (ZEW-Kurzexpertise Nr. 20–09). Zentrum für Europäische Wirtschaftsforschung (ZEW). http://ftp.zew.de/pub/zew-docs/ZEWKurzexpertisen/EN/ZEW_Shortreport2009.pdf

Autorengruppe Bildungsberichterstattung (Hrsg.). (2020). *Bildung in Deutschland 2020. Ein indikatorengestützter Bericht mit einer Analyse zu Bildung in einer digitalisierten Welt.*

Barišić, M., & Consiglio, V. S. (2020). *Die große Kluft: Frauen verdienen im Leben nur halb so viel wie Männer.* Bertelsmann Stiftung. https://www.bertelsmann-stiftung.de/de/themen/aktuelle-meldungen/2020/maerz/die-grosse-kluft-frauen-verdienen-im-leben-nur-halb-so-viel-wie-maenner

Bernau, P. (2020, Juli 8). Corona und Kinderbetreuung: Rabenväter? Von wegen! *Frankfurter Allgemeine Sonntagszeitung,* 23.

Brenke, K. (2016). Home Office: Möglichkeiten werden bei weitem nicht ausgeschöpft. *DIW-Wochenbericht,* 83(5), 95–105.

Bujard, M., Laß, I., Diabaté, S., Sulak, H., & Schneider, N. F. (2020). *Eltern während der Corona-Krise.* Bundesinstitut für Bevölkerungsforschung (BIB). https://www.bib.bund.de/Publikation/2020/pdf/Eltern-waehrend-der-Corona-Krise.html?nn=9755196

Bundesamt für Bevölkerungsschutz und Katastrophenhilfe (o. J.). *Kritische Infrastrukturen*. Abgerufen 13. August 2020, von https://www.kritis.bund.de/DE/Aufgaben undAusstattung/KritischeInfrastrukturen/kritische infrastrukturen_node.html

Bundesinstitut für Arzneimittel und Medizinprodukte (2020). *Empfehlungen des BfArM – Hinweise des BfArM zur Verwendungvon Mund–Nasen-Bedeckungen (z.B.selbst hergestellten Masken, »Community- oder DIY-Masken«), medizinischen Gesichtsmasken sowie partikelfiltrierenden Halbmasken (FFP1, FFP2 und FFP3) im Zusammenhang mit dem Coronavirus (SARS-CoV-2 / Covid-19).* https://www.bfarm.de/SharedDocs/Risikoinformationen/Medizinprodukte/DE/schutzmasken.html

Bundesministerium für Arbeit und Soziales (2020, März 30). *Liste der systemrelevanten Bereiche.* www.bmas.de. https://www.bmas.de/DE/Schwerpunkte/Informationen-Corona/Kurzarbeit/liste-systemrelevante-bereiche.html

Bundesministerium für Bildung und Forschung (2019, Oktober). *Tabelle 2.3.14 – Schulabsolventinnen/-absolventen und Schulabgänger/-innen nach Art des Abschlusses – BMBF Datenportal.* Datenportal des Bundesministeriums für Bildung und Forschung – BMBF. https://www.datenportal.bmbf.de/portal/de/Tabelle-2.3.14.html

Bundesministerium für Familie, Senioren, Frauen und Jugend (Hrsg.). (2019). *Zweiter Gleichstellungsbericht der Bundesregierung. Eine Zusammenfassung.* Bundesministerium für Familie, Senioren, Frauen und Jugend.

Bundesministerium für Familie, Senioren, Frauen und Jugend (Hrsg.) (2020). *Allensbach-Studie zeigt Umgang mit Corona-Herausforderungen* [Aktuelle Meldung]. Bundesministerium für Familie, Senioren, Frauen und Jugend. https://www.bmfsfj.de/bmfsfj/aktuelles/alle-meldungen/allensbach-studie-zeigt-umgang-mit-corona-herausforderungen/156110

Bundesministerium für Familie, Senioren, Frauen und Jugend (2020). *Allein-undgetrennt Erziehende fördernundunterstützen* (Hintergrundmeldung). https://www.bmfsfj.

de/bmfsfj/themen/familie/chancen-und-teilhabe-
fuer-familien/allein-und-getrennt-erziehende-foer
dern-und-unterstuetzen/73552

Bünning, M. (2020). Paternal Part-Time Employment and
Fathers' Long-Term Involvement in Child Care and
Housework. *Journal of Marriage and Family*, 82(2), 566–
586. https://doi.org/10.1111/jomf.12608

Castaño, A. M., Fontanil, Y., & García-Izquierdo, A. L.
(2019). »Why Can't I Become a Manager?« – A System-
atic Review of Gender Stereotypes and Organizational
Discrimination. *International Journal of Environmental
Research and Public Health*, 16(10), 1813. https://doi.
org/10.3390/ijerph16101813

DAK-Gesundheit (Hrsg.). (2020). *Digitalisierung und Homeoffice in der Corona-Krise*. Sonderanalyse zur Situation in
der Arbeitswelt vor und während der Pandemie. https://
www.dak.de/dak/download/folien-2295280.pdf

Dettling, D. (2020a, Mai 28). Frauen sind die Verlierer der
Coronakrise – doch der Trend wird sich umkehren. *Han-
delsblatt*. https://www.handelsblatt.com/meinung/gast-
beitraege/gastkommentar-frauen-sind-die-verlierer-
der-coronakrise-doch-der-trend-wird-sich-umkehren/
25869412.html

Dettling, D. (2020b, Mai 30). Stark durch die Krise:
Frauen lassen sich auch in Corona-Zeiten nicht un-
terkriegen. *Redaktionsnetzwerk Deutschland*. https://
www.rnd.de/wissen/stark-durch-die-krise-frauen-
lassen-sich-auch-in-corona-zeiten-nicht-unterkriegen-
36HPLLY5UJDD5LDHDGUKGRSVL4.html

Dettling, D. (2020c, Juni 3). Der Backlash fällt aus: Die Zukunft gehört den Frauen. *Die Presse*. https://www.die
presse.com/5821992/der-backlash-fallt-aus-die-
zukunft-gehort-den-frauen

Deutsche Rentenversicherung Bund (Hrsg.). (2019). *Rentenversicherung in Zeitreihen* (Nr. 22; DRV-Schriften).
Deutsche Rentenversicherung Bund. https://www.deut-
sche-rentenversicherung.de/SharedDocs/Downloads/
DE/Statistiken-und-Berichte/statistikpublikationen/
rv_in_zeitreihen.html

Deutscher Ärztinnenbund (Hrsg.). (2019). *Medical Women on Top: Dokumentation des Anteils von Frauen in Führungspositionen in 15 Fächern der deutschen Universitätsmedizin.*

Deutscher Gewerkschaftsbund. (2020). *Weiblich, systemrelevant, unterbezahlt: Arbeitsbedingungen in vier frauendominierten Berufsgruppen* (Nr. 01/2020; DGB-Index Gute Arbeit Kompakt).

dpa. (2020a, März 20). Bürger bekunden Solidarität mit Krankenhauspersonal. *Berliner Morgenpost.* https://www.morgenpost.de/berlin/article228740251/Buerger-bekunden-Solidaritaet-mit-Krankenhauspersonal.html

dpa. (2020b, März 21). Coronavirus: Applaus für Helfer aus Fenstern und Balkonen – Der Klang der Dankbarkeit. *Der Spiegel.* https://www.spiegel.de/panorama/gesellschaft/coronavirus-applaus-fuer-helfer-aus-fenstern-und-balkonen-der-klang-der-dankbarkeit-a-d98cda75-610a-4a65-a70d-5e2c134fd6d9

Ebert, I. D., Steffens, M. C., & Kroth, A. (2014). Warm, but maybe not so competent? – Contemporary implicit stereotypes of women and men in Germany. *Sex Roles, 70*(9–10), 359–375.

Eckes, T. (2008). Geschlechterstereotype: Von Rollen, Identitäten und Vorurteilen. In: R. Becker & B. Kortendiek (Hrsg.), *Handbuch Frauen- und Geschlechterforschung: Theorie, Methoden, Empirie* (S. 171–182). VS Verlag für Sozialwissenschaften. https://doi.org/10.1007/978-3-531-91972-0_20

FAIR SHARE of Women Leaders e.V. (Hrsg.). (2020). *Frauenrechte und Frauenförderung: Verschläft die deutsche Zivilgesellschaft internationale Entwicklungen?* [Präsentation der Ergebnisse]. FAIR SHARE of Women Leaders e.V. https://www.fairsharewl.org/ergebnisse-2020

Fuchs-Schündeln, N., & Stephan, G. (2020). *Bei drei Vierteln der erwerbstätigen Eltern ist die Belastung durch Kinderbetreuung in der Covid-19-Pandemie gestiegen.* Institut für Arbeitsmarkt- und Berufsforschung (IAB). https://www.iab-forum.de/bei-drei-vierteln-der-erwerbstaetigeneltern-ist-die-belastung-durch-kinderbetreuung-in-der-covid-19-pandemie-gestiegen/?pdf=17684

Geisler, E., Köppen, K., Kreyenfeld, M., Trappe, H., & Pollmann-Schult, M. (2018). *Familien nach Trennung und Scheidung in Deutschland*. Hertie School of Governance.

Geis-Thöne, W. (2020). *Kinderbetreuung: Über 340.000 Plätze für unter Dreijährige fehlen*. https://www.iwkoeln.de/presse/pressemitteilungen/beitrag/wido-geis-thoene-in-deutschland-fehlen-immer-mehr-betreuungsplaetze.html

Groll, T., & Loos, A. (2020, Juni 8). Emanzipation: Von wegen Rolle rückwärts. *Die Zeit*. https://www.zeit.de/gesellschaft/zeitgeschehen/2020-06/emanzipation-corona-krise-gleichstellung-soep-arbeitsteilung-belastung/komplettansicht

Gruber, M., Höhenberger, N., Höserle, S., & Niemann, R. (2009). Familienbesteuerung in Österreich und Deutschland: Eine vergleichende Analyse unter Berücksichtigung aktueller Steuerreformen (Working Paper Nr. 82). *arqus Discussion Paper*. https://www.econstor.eu/handle/10419/30871

Grunau, P., Steffes, S., & Wolter, S. (2020). Homeoffice in Zeiten von Corona: In vielen Berufen gibt es bislang ungenutzte Potenziale. *IAB-Forum*.

Hamker, A. (2020a, Juli 8). *Kritik an der Frauenquote »Übermotiviert und unrealistisch«* (C. Gammelin) [*Süddeutsche Zeitung*]. https://www.sueddeutsche.de/politik/frauenquote-astrid-hamker-cdu-1.4960660

Hamker, A. (2020b, Juli 8). *»Übermotiviert«: CDU-Wirtschaftsrat weist Frauenquote zurück* (A. Herholz) [Passauer Neue Presse]. https://www.pnp.de/nachrichten/politik/Uebermotiviert-CDU-Wirtschaftsrat-weist-Frauenquote-zurueck-3725785.html

Hank, K., & Steinbach, A. (2020). The virus changed everything, didn't it? Couples' division of housework and childcare before and during the Corona crisis. *Journal of Family Research*. https://doi.org/10.20377/jfr-488

Hipp, L. (2018). Rabenmütter, tolle Väter. Frauen schaden

kurze und lange Elternzeiten bei ihrer Karriere – Männern nicht. *WZB Mitteilungen*, 161, 28–30.

Hipp, L. (2019). Do Hiring Practices Penalize Women and Benefit Men for Having Children? Experimental Evidence from Germany. *European Sociological Review.* https://doi.org/10.1093/esr/jcz056

Hipp, L., & Bünning, M. (2020). Parenthood as a driver of increased gender inequality during COVID-19? Exploratory evidence from Germany. *European Societies.* https://doi.org/10.1080/14616696.2020.1833229

Hobler, D., Lott, Y., Pfahl, S., & Buschoff, K. S. (2020). *Stand der Gleichstellung von Frauen und Männern in Deutschland* (WSI Report Nr. 56). Wirtschafts- und Sozialwissenschaftliches Institut (WSI) der Hans-Böckler-Stiftung.

Hobler, D., Pfahl, S., & Mader, E. (2020). *Wochenarbeitszeiten und Erwerbstätigenquoten 1991–2018.* Hans-Böckler-Stiftung. https://www.wsi.de/data/wsi_gdp_ZE-TimeGap_PDF_01.pdf

Hoenig, K., & Wenz, S. E. (2020). Education, health behavior, and working conditions during the pandemic: Evidence from a German sample. *European Societies*, 1–14. https://doi.org/10.1080/14616696.2020.1824004

Huebener, M., Waights, S., Spieß, C. K., Siegel, N. A., & Wagner, G. G. (2020). *Parental Well-Being in Times of Covid-19 in Germany* (Text Nr. 1099; SOEPpapers on Multidisciplinary Panel Data Research). DIW Berlin. https://www.diw.de/documents/publikationen/73/diw_01.c.795463.de/diw_sp1099.pdf

ifo Institut für Wirtschaftsforschung & forsa Gesellschaft für Sozialforschung und statistische Analysen (Hrsg.). (2020). *Erste Ergebnisse des Befragungsteils der BMG-»Corona-BUND-Studie«.* http://www.ifo.de/publikationen/2020/erste-ergebnisse-des-befragungsteils-der-bmg-corona-bund-studie

IG Metall. (o. J.). *IG Metall zieht positive Zwischenbilanz des Crowdworking-Projektes* [Pressemitteilung]. Abgerufen 20. August 2020, von https://www.igmetall.de/presse/

pressemitteilungen/ig-metall-zieht-positive-zwischen bilanz-des-crowdworking-p

Institut für angewandte Arbeitswissenschaft (ifaa) (Hrsg.). (2019). *Gutachten zur Mobilen Arbeit.* Institut für angewandte Arbeitswissenschaft (ifaa). https://www.arbeitswissenschaft.net/fileadmin/Downloads/Angebote_und_Produkte/Publikationen/FDP_Gutachten_Mobile_Arbeit_Finale_Version_15.10.2020.pdf

Jurczyk, K., & Mückenberger, U. (2016). *Mit Zeit jonglieren oder: Atmende Lebensläufe: 13* (Deutsche Gesellschaft für Zeitpolitik, Hrsg.). http://www.zeitpolitik.de/pdfs/zpm_28_0716.pdf

Keller, M., & Kahle, I. (2018). *Realisierte Erwerbstätigkeit von Müttern und Vätern zur Vereinbarkeit von Familie und Beruf.* Statistisches Bundesamt (Destatis). https://www.destatis.de/DE/Methoden/WISTA-Wirtschaft-und-Statistik/2018/03/realisierte-erwerbstaetigkeit-032018.html

Kirsch, A., & Wrohlich, K. (2020). Frauenanteile in Spitzengremien großer Unternehmen steigen – abgesehen von Aufsichtsräten im Finanzsektor. *DIW Wochenbericht, 87*(4),38–49.https://doi.org/10.18723/diw_wb:2020-4-2

Koebe, J., Samtleben, C., Schrenker, A., & Zucco, A. (2020). Systemrelevant, aber dennoch kaum anerkannt: Entlohnung unverzichtbarer Berufe in der Corona-Krise unterdurchschnittlich. *DIW aktuell* (Nr. 48). DIW Berlin.

Kohaut, S., & Möller, I. (2019). *Frauen in leitenden Positionen: Leider nichts Neues auf den Führungsetagen* (Nr. 23/2019; IAB-Kurzbericht, S. 8). Institut für Arbeitsmarkt- und Berufsforschung (IAB) der Bundesagentur für Arbeit.

Kohlrausch, B., & Zucco, A. (2020). *Die Corona-Krise trifft Frauen doppelt – Weniger Erwerbseinkommen und mehr Sorgearbeit* (Policy Brief WSI Nr. 40). Wirtschafts- und Sozialwissenschaftliches Institut der Hans-Böckler-Stiftung (WSI). https://www.boeckler.de/pdf/p_wsi_pb_40_2020.pdf

Kortendiek, B., Mense, L., Beaufays, S., Bünnig, J., Hendrix, U., Herrmann, J., Mauer, H., & Niegel, J. (2019). *Gender-Report 2019. Geschlechter(un)gerechtigkeit an nordrhein-westfälischen Hochschulen. Hochschulentwick-*

lungen, Gleichstellungspraktiken, Gender Pay Gap (Nr. 4; Studien Netzwerk Frauen- und Geschlechterforschung 31).

Langmeyer, A., Guglhör-Rudan, A., Naab, T., Urlen, M., & Winklhofer, U. (2020). *Kindsein in Zeiten von Corona: Erste Ergebnisse zum veränderten Alltag und zum Wohlbefinden von Kindern.* https://www.dji.de/fileadmin/user_upload/dasdji/themen/Familie/DJI_Kindsein_Corona_Erste_Ergebnisse.pdf

Mann, M., & Specht, J. (2020, Februar 21). Falsche Richtung. *Deutsche Universitätszeitung (DUZ).* https://www.duz.de/beitrag/!/id/736/falsche-richtung

Möhring, K., Naumann, E., Reifenscheid, M., Blom, A. G., Wenz, A., Rettig, T., Lehrer, R., Krieger, U., Juhl, S., Friedel, S., Fikel, M., & Cornesse, C. (2020). *Die Mannheimer Corona-Studie: Schwerpunktbericht zu Erwerbstätigkeit und Kinderbetreuung.* Universität Mannheim. https://www.uni-mannheim.de/media/Einrichtungen/gip/Corona_Studie/2020-04-05_Schwerpunktbericht_Erwerbstaetigkeit_und_Kinderbetreuung.pdf

Nationale Akademie der Wissenschaften Leopoldina. (2020). *Dritte Ad-hoc-Stellungnahme: Coronavirus-Pandemie – Die Krise nachhaltig überwinden* (Nr. 3).

Neubacher, A. (2020a, Juni 4). Gute Männer. *Der Spiegel*, 15.

Neubacher, A. (2020b, Juli 3). Männer in der Coronakrise: Rolle rückwärts? Ein Märchen. *Der Spiegel.* https://www.spiegel.de/politik/deutschland/maenner-in-der-corona-krise-rolle-rueckwaerts-ein-maerchen-kolumne-a-00000000-0002-0001-0000-000171875085

Nobis, C., Kuhnimhof, T., Follmer, R., & Bäumer, M. (2018). *Mobilität in Deutschland – MiD Ergebnisbericht. Studie von infas, DLR, IVT und infas 360 im Auftrag des Bundesministeriums für Verkehr und digitale Infrastruktur* (FE-Nr. 70.904/15).

Ostner, I. (2018). Politisch-soziologische Anmerkungen zum Wandel der Stellung der Frau in der Familie. *Neue Zeitschrift für Familienrecht (NZFam)*, 7, 299–303.

Öz, F. (2020). *Löhne und Gehälter in systemrelevanten Berufen: Gebraucht und geschätzt, aber unter Wert! Eine Analy-*

se auf Basis der *WSI-LohnSpiegel-Datenbank* (Nr. 20/02). IAT Discussion Paper. https://www.iat.eu/discussion-papers/download/IAT_Discussion_Paper_20_02.pdf

Peitz, C., & Rieger, B. (2019, März 8). Ganz oben sind Frauen Mangelware. *Der Tagesspiegel.* https://www.tagesspiegel.de/kultur/berliner-kultur-ganz-oben-sind-frauen-mangelware/24073608.html

Prommer, E., & Linke, C. (2017). *Studie: Audiovisuelle Diversität?* (S. 24). MaLisa Stiftung, Universität Rostock. https://malisastiftung.org/wp-content/uploads/Bro schuere_din_a4_audiovisuelle_Diversitaet_v06072 017_V3.pdf

Reiermann, C. (2020, Oktober 9). Deutsche-Bahn-Chefs sperren sich gegen Frauenquote. *Der Spiegel.* https://www.spiegel.de/wirtschaft/unternehmen/bahn-chefs-sperren-sich-gegen-frauenquote-a-00000000-0002-0001-0000-000173444523

Rennefanz, S. (2020, Juli 15). Plötzlich Helden. *Berliner Zeitung.* 6. https://www.berliner-zeitung.de/politik-gesellschaft/gleichberechtigung-und-corona-ploetzlich-hausmann-li.93133

Robert-Koch-Institut & Deutsches Jugendinstitut (Hrsg.). (2020). *Monatsbericht der KiTa-Studie Mai* (Nr. 1).

Sachverständigenkommission zum Zweiten Gleichstellungsbericht der Bundesregierung. (2017). *Erwerbs- und Sorgearbeit gemeinsam neu gestalten. Gutachten für den Zweiten Gleichstellungsbericht der Bundesregierung. Zusammenfassung.* Geschäftsstelle Zweiter Gleichstellungsbericht der Bundesregierung. https://www.gleich-stellungsbericht.de/kontext/controllers/document.php/48.0/9/ce2669.pdf

Samtleben, C. (2019). Auch an erwerbsfreien Tagen erledigen Frauen einen Großteil der Hausarbeit und Kinderbetreuung. DIW Wochenbericht, 10/2019, 139–144.

Samtleben, C., Schäper, C., & Wrohlich, K. (2019). Elterngeld und Elterngeld Plus: Nutzung durch Väter gestiegen, Aufteilung zwischen Müttern und Vätern aber noch sehr ungleich. *DIW-Wochenbericht,* 86(35), 607–613.

Schlesiger, C. (2013, September 9). Duales System in Ge-

fahr – Die Hauptschule muss weg. *WirtschaftsWoche.*
https://www.wiwo.de/erfolg/hochschule/duales-sys-
tem-in-gefahr-die-hauptschule-muss-weg/8763246.
html

Schröder, C., Goebel, J., Grabka, M. M., Graeber, D., Kroh,
M., Kröger, H., Kühne, S., Liebig, S., Schupp, J., See-
bauer, J., & Zinn, S. (2020). *Erwerbstätige sind vor dem
Covid-19-Virus nicht alle gleich* (Nr. 1080; SOEPpapers
on Multidisciplinary Panel Data Research). DIW Berlin,
The German Socio-Economic Panel (SOEP).

Sensch, J. (2004). *Erwerbstätigkeitsstatistik in der Bundesrepublik Deutschland. Ausgewählte Daten von 1950 bis 2000.*
GESIS Datenarchiv. https://doi.org/10.4232/1.8184

Sensch, J. (2012). *Zur Entwicklung der Arbeitszeit in Deutschland von 1800 bis 2010.* GESIS Datenarchiv. https://doi.
org/10.4232/1.12397

Specht, J., Hof, C., Tjus, J., Pernice, W., & Endesfelder, U.
(2017). *Departments statt Lehrstühle: Moderne Personal-
struktur für eine zukunftsfähige Wissenschaft.* Junge Akademie.   https://www.diejungeakademie.de/fileadmin/
user_upload/Dokumente/aktivitaeten/wissenschafts
politik/stellungnahmen_broschueren/JA_Debatten
beitrag_Department-Struktur.pdf

Spieß, C. K. (2020). Ausbau ganztägiger Angebote für
Schulkinder darf nicht an Baden-Württemberg schei-
tern! *DIW Wochenbericht,* 40, S. 782. https://doi.
org/10.18723/DIW_WB:2020-40-3

Statistisches Bundesamt. (2020, März 16). *Unbereinigter
Gender Pay Gap nach Gebietsstand für die Jahre 1995 bis
2019.* Statistisches Bundesamt. https://www.destatis.de/
DE/Themen/Arbeit/Verdienste/Verdienste-Verdienst-
unterschiede/Tabellen/ugpg-01-gebietsstand.html

Statistisches Bundesamt (Destatis). (2019a). *Statistisches
Jahrbuch: Arbeitsmarkt* (S. 355–386). Statistisches Bundesamt (Destatis).

Statistisches Bundesamt (Destatis). (2019b). *Bildung
und Kultur. Personal an Hochschulen 2018* (Reihe
4.4; Fachserie 11). Statistisches Bundesamt. https://
www.destatis.de/DE/Themen/Gesellschaft-Umwelt/

Bildung-Forschung-Kultur/Hochschulen/Publikatio
nen/Downloads-Hochschulen/personal-hochschulen-
2110440187004.pdf?__blob=publicationFile

Statistisches Bundesamt (Destatis). (2019c). *Bildung und Kultur. Studierende an Hochschulen. Wintersemester 2018/2019* (Reihe 4.1; Fachserie 11). Statistisches Bundesamt. https://www.destatis.de/DE/Themen/Gesell schaft-Umwelt/Bildung-Forschung-Kultur/Hoch schulen/Publikationen/Downloads-Hochschulen/ studierende-hochschulen-endg-2110410197004.pdf?__ blob=publicationFile

Statistisches Bundesamt (Destatis). (2020). Öffentliche Sozialleistungen. Statistik zum Elterngeld. Beendete Leistungsbezüge für im Jahr 2017 geborene Kinder. Januar 2017 bis März 2020. Statistisches Bundesamt (Destatis). https://www.destatis.de/DE/Themen/Gesell schaft-Umwelt/Soziales/Elterngeld/_inhalt.html

Storage, D., Charlesworth, T. E. S., Banaji, M. R., & Cimpian, A. (2020). Adults and children implicitly associate brilliance with men more than women. *Journal of Experimental Social Psychology*, 104020. https://doi.org/10.1016/j.jesp.2020.104020

Tagesschau (2020, Juli 22). Studie zu Homeoffice: Weniger Stress, mehr Produktivität. *Tagesschau.* https://www.tages schau.de/wirtschaft/homeoffice-studie-101.html

Universität Bielefeld & Deutsches Institut für Wirtschaftsforschung (DIW). (2020). *SOEP-CoV.* https://www.soep-cov.de/

Universität Mannheim (2020). *Mannheimer Corona-Studie.* https://www.uni-mannheim.de/gip/corona-studie/

Vehrkamp, R., & Matthieß, T. (2019). *Besser als ihr Ruf. Halbzeitbilanz der Großen Koalition zur Umsetzung des Koalitionsvertrages 2018.* Wissenschaftszentrum Berlin für Sozialforschung & Bertelsmann Stiftung. https:// www.bertelsmann-stiftung.de/fileadmin/files/BSt/ Publikationen/GrauePublikationen/ZD_Studie_Bes ser_als_ihr_Ruf.pdf

Wanger, S. (2005). *Frauen am Arbeitsmarkt: Beschäftigungsgewinne sind nur die halbe Wahrheit.* (Nr. 22/2005; IAB-

Kurzbericht). Institut für Arbeitsmarkt- und Berufsforschung (IAB) der Bundesagentur für Arbeit

Willms-Herget, A., & Stockmann, R. (2004). *Strukturwan-
del der Frauenarbeit 1880 bis 1982.* GESIS Datenarchiv.
https://doi.org/10.4232/1.8180

Wissenschaftszentrum Berlin für Sozialforschung (WZB)
(2020).   *Corona-Alltag.*   https://www.wzb.eu/de/for
schung/dynamiken-sozialer-ungleichheiten/arbeit-
und-fuersorge/corona-alltag

ENDNOTEN

1. Bundesministerium für Bildung und Forschung (2019), eigene Berechnungen; Schlesiger (2013)
2. Hobler et al. (2020); Sensch (2004); Willms-Herget & Stockmann (2004). Die *Erwerbsquote* gibt den Anteil von Erwerbstätigen und als arbeitslos registrierten Pesonen an der Bevölkerung im erwerbsfähigen Alter wider. Die *Erwerbstätigenquote* (auch Beschäftigungsquote genannt) bezeichnet den Anteil aller Erwerbstätigen an der Bevölkerung im erwerbsfähigen Alter.
3. Hobler et al. (2020); Sensch (2012)
4. Zum Konzept der Arbeitszeitlücke siehe Wanger (2005)
5. Hobler, Lott et al. (2020)
6. Samtleben (2019)
7. ebd.
8. Specht et al. (2017)
9. Statistisches Bundesamt (Destatis) (2019a)
10. Ostner (2018)
11. Geisler et al. (2018).
12. Allmendinger (2009); Allmendinger (2017). Eine Zusammenfassung über Geschlechterstereotype findet sich in Eckes (2008).
13. In Feldstudien wurden Initiativbewerbungen verschickt, von einer Frau oder einem Mann, jeweils mit und ohne Kinder. Hipp (2019).
14. Hipp (2018)
15. Castaño et al. (2019)
16. Zum *gender brilliancy and endurance gap* siehe: Storage et al. (2020).
17. Ebert et al. (2014)
18. Statistisches Bundesamt (Destatis) (2020)

19. Der Gender Care Gap wurde 2019 im Zweiten Gleich-
    stellungsbericht der Bundesregierung entwickelt und
    wird seitdem fortgeschrieben. Hinzuweisen ist auf
    sehr deutliche Unterschiede zwischen den neuen Bun-
    desländern (7 Prozent) und den alten Bundesländern
    (21 Prozent). Bundesministerium für Familie, Senio-
    ren, Frauen und Jugend (Hrsg.) (2019)
20. Zu beachten sind deutliche Unterschiede zwischen
    West- und Ostdeutschland. Frauen im Westen arbeiten
    9 Stunden pro Woche weniger als Männer, bei Frauen
    im Osten sind es rund 5 Stunden pro Woche weniger.
    Hobler et al. (2020)
21. Bundesministerium für Familie, Senioren, Frauen
    und Jugend (Hrsg.) (2019)
22. Samtleben (2019), Abbildung 1. Berichtet wird die
    für Care-Arbeiten investierte Zeit von Männern und
    Frauen 2019, dargestellt als prozentualer Anteil der
    Männerzeit im Vergleich zur Frauenzeit. Berechnet
    man diesen Anteil auf Grundlage des zweiten Gleich-
    stellungsberichts der Bundesregierung, kommt man
    auf 39 Prozent. Die leichte Abweichung zu den hier
    genannten 38 Prozent ergibt sich daraus, dass dem
    Gleichstellungsbericht die dritte Zeitverwendungser-
    hebung des statistischen Bundesamtes zugrunde liegt,
    während die Publikation von Claire Samtleben auf den
    Daten des SOEP beruht.
23. Samtleben (2019)
24. Kohaut & Möller (2019)
25. Kirsch & Wrohlich (2020). Die Daten beruhen auf den
    Selbstdarstellungen der Unternehmen im Internet,
    den Geschäftsberichten des Jahres 2018, dem Bundes-
    anzeiger sowie auf Anfragen des DIW bei den Unter-
    nehmen.
26. Kohaut & Möller (2019)
27. Siehe hierzu kritisch: Mann & Specht (2020)
28. Kohaut & Möller (2019)
29. ebd.
30. Kirsch & Wrohlich (2020)
31. FAIR SHARE of Women Leaders e.V. (Hrsg.) (2020)

32. Die staatliche Rente ist zwar nur ein Teil der finan-
    ziellen Absicherung im Alter; vor allem im Westen
    kommen Betriebsrenten und die private Alterssiche-
    rung hinzu, auch Vermögenswerte wie Spareinlagen
    und der Besitz von Wohneigentum. Die Altersrenten
    machen aber den weit überwiegenden Teil der Bezüge
    aus.

33. In den Jahren zwischen 1995 und 2013 verringerte sich
    die Rentenlücke deutlich auf 45 Prozent. Danach stieg
    sie rasant an. Dies ist vor allem auf die 2014 eingeführ-
    te Rente für Mütter zurückzuführen, die Kinder vor
    1992 geboren haben. Diese Renten sind sehr gering,
    drücken den Durchschnitt der Altersrente von Frauen
    und erhöhen damit die Rentenlücke. Da die Berück-
    sichtigung dieser neuen staatlichen Leistung das Bild
    erheblich verzerren würde, soll sie hier herausgerech-
    net werden. Dann ergibt sich für 2014 eine weiter ver-
    kleinerte Rentenlücke, nämlich 43 Prozent. Über zwei
    Jahrzehnte verringerte sich also die Rentenlücke im
    Westen von 54 auf 43 Prozent.

34. Deutsche Rentenversicherung Bund (Hrsg.) (2019)

35. Die Mütterrente erfordert hier übrigens keine statisti-
    sche Korrektur; sie hat im Osten kein großes Gewicht,
    da die meisten Mütter lange erwerbstätig waren und
    ihre Anwartschaften somit schon längst erreicht ha-
    ben.

36. Deutsche Rentenversicherung Bund (Hrsg.) (2019)

37. Allmendinger & Perleberg (2020)

38. Hobler, Pfahl et al. (2020)

39. Mit diesem Hinweis beginnt auch ein Buch, das ich
    vor zehn Jahren geschrieben habe. Siehe Allmendin-
    ger (2010)

40. Hamker (2020a); Hamker (2020b)

41. Statistisches Bundesamt (Destatis) (2019c), S. 35 (nach
    eigenen Berechnungen).

42. Statistisches Bundesamt (Destatis) (2019b), S. 272
    (nach eigenen Berechnungen); Deutscher Ärztinnen-
    bund (Hrsg.) (2019)

43. Eine Studie über die Besoldung von Frauen und Män-

nern auf Professuren in NRW zeigt, dass 13,5 Prozent der Professorinnen in NRW keine Leistungsbezüge erhalten, aber nur 8,9 Prozent der Professoren. Die höchsten Leistungsbezüge erhalten W3-Professoren mit durchschnittlich 2.266 € im Monat, während die Leistungsbezüge von W3-Professorinnen im Durchschnitt bei 1.665 € liegen. Am höchsten fällt der Gender Pay Gap in der Medizin aus: W3-Professoren tragen hier 931 € mehr nach Hause. Siehe Kortendiek et al. (2019)

44. Allmendinger (2018). Trotz des bestehenden Drucks, Frauen einen angemessenen Platz im Wissenschaftssystem zu geben sowie impliziter Frauenquoten in vielen Hochschulgremien sind Frauen bei hochrangigen Auszeichnungen wie dem Leibniz-Preis weit unterproportional vertreten.

45. Angaben sind den Webseiten der Vereine entnommen.

46. Peitz & Rieger (2019)

47. Prommer & Linke (2017)

48. Geis-Thöne (2020)

49. Spieß (2020)

50. dpa (2020b)

51. dpa (2020a)

52. Tagesschau (2020)

53. Bernau (2020)

54. Neubacher (2020a); Rennefanz (2020); Neubacher (2020b)

55. Bundesamt für Bevölkerungsschutz und Katastrophenhilfe (o. J.)

56. Bundesministerium für Arbeit und Soziales (2020)

57. Die sogenannten FFP 2- oder FFP 3-Masken. FFP steht für Filtering Face Piece. Siehe Bundesinstitut für Arzneimittel und Medizinprodukte (2020)

58. Koebe et al. (2020). Bezugspunkt sind hier die Monate März und April, später wurde die Liste erweitert.

59. Deutscher Gewerkschaftsbund (2020)

60. Koebe et al. (2020)

61. Öz (2020)

62. Bundesministerium für Familie, Senioren, Frauen und Jugend (2020)

63. Bujard et al. (2020)
64. Bünning (2020)
65. Bujard et al. (2020). Untersuchungen auf Grundlage der Studie »Mobilität in Deutschland« kommen zu übereinstimmenden Ergebnissen. Siehe Nobis et al. (2018) sowie die Studie des Zentrums für Europäische Wirtschaftsforschung: Arntz et al. (2020)
66. Die Angaben sind Tabelle 13 aus Bujard et al. (2020) entnommen und beziehen sich auf das Jahr 2014. Quellenartikel ist die Arbeit von Brenke (2016).
67. Grunau et al. (2020). Die zugrunde gelegten Daten stammen aus dem Linked Personnel Panel des IAB (2019), abrufbar unter https://fdz.iab.de/de/Integra ted_Establishment_and_Individual_Data/lpp.aspx.
68. Bujard et al. (2020)
69. Arntz et al. (2020). Für die Potenzialschätzung wurde ein Index berechnet, der sich aus den Angaben der Beschäftigten und der Einschätzung der Forscherinnen und Forscher zusammensetzt.
70. Dieser Anteil bezieht sich auf die Sondererhebung des SOEP, Stand April 2020. Siehe Schröder et al. (2020). Das Mannheimer Panel gibt an, dass 26 Prozent der Beschäftigten vollständig zu Hause arbeiten. Siehe Möhring et al. (2020)
71. Schröder et al. (2020)
72. Die IG Metall hat 2015 ein Crowdworking-Projekt initiiert, das sich für faire Arbeitsbedingungen und die Durchsetzung »lokaler Lohnstandards« einsetzt. IG Metall (o. J.); siehe auch www.faircrowdwork.org.
73. Angelici & Profeta (2020); DAK-Gesundheit (2020); Institut für angewandte Arbeitswissenschaft (ifaa) (Hrsg.) (2019)
74. Dettling (2020a); Dettling (2020b); Dettling (2020c)
75. Bernau (2020)
76. Neubacher (2020b)
77. Siehe auch Groll & Loos (2020)
78. Eine kleine Statistik: Im Zeitraum zwischen dem 1.4. und 24.7.2020 zählte der Pressemonitor des WZB 68 Einträge mit meinem Namen unter Bezug auf die Re-

traditionalisierungsthese. Bei 45 Einträgen handelte
es sich um Meinungsstücke, die anderen waren Interviews mit Dritten. Von den Meinungsstücken wurden
28 von Frauen und 17 von Männern verfasst. Frauen
äußerten sich im Pandemieverlauf wesentlich früher
als Männer. Sie vertreten mehrheitlich eine Position,
die die Retraditionalisierungsthese stützt (24, also 86
Prozent). Bei den Männern sind das nur wenige (2,
also 11 Prozent). Die allermeisten Männer weisen dagegen die Retraditionalisierungsthese zurück. Ich danke Catharina Hemzal für ihre Hilfe bei der Kodierung
und Auswertung des Pressemonitors.

79. Die Informationen sind folgendem Artikel entnommen: Keller & Kahle (2018). Sie beziehen sich auf
zweigeschlechtliche Paare. Grundlage ist das hier vor-
geschlagene Maß der realisierten Erwerbstätigkeit.
Während Erwerbstätigenquoten auch Personen in
Mutterschutz oder Elternzeit bei einem bestehenden
Beschäftigungsverhältnis als erwerbstätig zählen, ist
das hier nicht der Fall. Die realisierte Erwerbstätigkeit
zeigt daher klarer als andere Berechnungen, welcher
Elternteil seine Erwerbstätigkeit nach der Geburt von
Kindern an die neuen Bedingungen anpasst.

80. Alleinerziehende stehen bei der Vereinbarkeit von Beruf und Familie vor anderen Herausforderungen, da
sie beide Lebensbereiche ohne Unterstützung durch
ein zweites Elternteil im gemeinsamen Haushalt
bewältigen müssen. Die Daten zeigen, dass alleinerziehende Mütter so viel wie Mütter in Paarfamilien
arbeiten, ist das jüngste Kind älter als sechs Jahre, bei
jüngeren Kindern beteiligen sich alleinerziehende
Mütter seltener am Erwerbsleben. Die Erwerbstätigkeit alleinerziehender Väter liegt deutlich unter der von
Vätern in Paarfamilien, aber über der Erwerbstätigkeit
alleinerziehenden Mütter. Siehe Keller & Kahle (2018)

81. Im Osten Deutschlands lag die realisierte Erwerbstätigkeit beider Partner mit einem Anteil von 70 Prozent
um 7 Prozentpunkte über der im Westen (63 Prozent).
Der Vater war in 21 Prozent der Paarfamilien im Osten

Alleinverdiener, im früheren Bundesgebiet dagegen bei 29 Prozent. Bei den übrigen Erwerbskombinationen ähnelten sich Elternpaare in Ost und West relativ stark. Siehe Keller & Kahle (2018)

82. Die Daten beziehen sich auf Kinder, die 2017 geboren wurden. Außerdem sind die Anteile von Vätern mit Elterngeldbezug im Osten höher als im Westen Deutschlands. Siehe Statistisches Bundesamt (Destatis) (2020)

83. ebd.

84. Samtleben et al. (2019)

85. Keller & Kahle (2018). Während im Westen bei jedem fünften Paar mit minderjährigen Kindern beide Elternteile einer Vollzeiterwerbstätigkeit nachgingen, traf dies im Osten auf fast die Hälfte zu (48 Prozent). Entsprechend war das Modell des vollzeitbeschäftigten Vaters und einer teilzeitbeschäftigten Mutter im Osten mit 46 Prozent bei Weitem seltener vertreten als im Westen (75 Prozent).

86. ebd., S. 71

87. ebd.

88. Autorengruppe Bildungsberichterstattung (2020)

89. »Lediglich ein Zehntel der Kinder wurde zum Monatswechsel April/Mai 2020 institutionell betreut und ging in die Notbetreuung. Dabei handelte es sich hauptsächlich um Kinder, deren Eltern in systemrelevanten Berufen arbeiten. Interessanterweise nutzte allerdings ein Großteil der Kinder [...] nicht die Notbetreuung, obwohl sie Anspruch darauf gehabt hätten. So gab wiederum etwa ein Zehntel der Eltern, bei denen ein Partner in systemrelevanten Bereichen arbeitet, an, dass ihr Kind institutionell betreut wird. Wenn beide Partner in systemrelevanten Berufen arbeiten, lag die Nutzung der Notbetreuung nur bei etwa einem Viertel.« Quelle: Robert-Koch-Institut & Deutsches Jugendinstitut (Hrsg.) (2020)

90. Nationale Akademie der Wissenschaften Leopoldina (2020); Allmendinger (2020a)

91. Huebener et al. (2020). Die Prozentangaben beziehen sich auf Mai und Juni 2020.

92. Universität Bielefeld & Deutsches Institut für Wirtschaftsforschung (DIW) (2020)

93. Universität Mannheim (2020)

94. Bundesministerium für Familie, Senioren, Frauen und Jugend (2020)

95. Wissenschaftszentrum Berlin für Sozialforschung (WZB) (2020)

96. Hierdurch ergeben sich allerdings auch Probleme in der direkten Vergleichbarkeit von Panelbefragungen. Vor Corona wurden die Menschen persönlich befragt, jetzt am Telefon.

97. Kohlrausch & Zucco (2020); ifo Institut für Wirtschaftsforschung et al. (2020)

98. Fuchs-Schündeln & Stephan (2020)

99. Fuchs-Schündeln & Stephan (2020). Der Wert liegt bei Frauen bei 4.1, bei Männern bei 5.1.

100. Huebener et al. (2020)

101. Langmeyer et al. (2020)

102. Berichten die Mütter, so sind es über die gesamte Stichprobe 85 Prozent, die selbst mehr Zeit mit ihren Kindern verbringen, aus Sicht der Väter fällt der Anteil der Mütter, die mehr Zeit mit den Kindern verbringen, etwas geringer aus (77 Prozent). Noch deutlicher ist der Unterschied, wenn es um die Zeit der Väter geht: Aus eigener Sicht verbringen vier Fünftel der Väter mehr Zeit mit den Kindern (81 Prozent), während die Mütter dieses gesteigerte Engagement der Väter nur zu gut zwei Drittel so wahrnehmen (68 Prozent).

103. Hank & Steinbach (2020). Die Untersuchung beruht auf einer Vorveröffentlichung der Erhebungswelle 12 des Deutschen Familienpanels (Pairfam) und einer ergänzenden Corona-Online-Befragung (3.108 Fälle).

104. So etwa die Studie des Zentrums für Europäische Wirtschaftsforschung (ZEW), siehe Arntz et al. (2020)

105. Siehe hierzu Kohlrausch & Zucco (2020); Möhring et al. (2020) für die frühe Phase des Lockdowns sowie Hipp & Bünning (2020) und die Angaben in Teil II dieses Buches.

106. Hoenig & Wenz (2020)

107. Möhring et al. (2020), siehe Angaben zum Homeoffice.
108. Hipp & Bünning (2020). Die Differenz stieg von 4 auf 9 Prozentpunkte.
109. Vehrkamp & Matthieß (2019)
110. AllBright-Stiftung (Hrsg.) (2020)
111. Reiermann (2020). Das erwähnte Schreiben wurde unterzeichnet von Christian Lutz, Vorsitzender des Vorstands, Ronald Pofalla, Infrastrukturvorstand und Martin Seiler, Personalchef, und war an Finanzminister Olaf Scholz, Familienministerin Franziska Giffey und Verkehrsminister Andreas Scheuer adressiert.
112. Reiermann (2020)
113. Gruber et al. (2009)
114. Barišić & Consiglio (2020), auf Grundlage von Berechnungen des DIW
115. ebd.
116. Allmendinger et al. (2013); siehe auch: Jurczyk & Mückenberger (2016)
117. Allmendinger (2020b)
118. Sachverständigenkommission zum Zweiten Gleichstellungsbericht der Bundesregierung (2017)

Markus Gabriel

Moralischer Fortschritt in dunklen Zeiten

Hardcover mit Schutzumschlag.
Auch als eBook erhältlich.
www.ullstein.de

MARKUS GABRIEL

Moralischer Fortschritt in dunklen Zeiten

UNIVERSALE WERTE FÜR DAS 21. JAHRHUNDERT

DIE MENSCHHEIT IST ZU MORALISCHEM FORTSCHRITT FÄHIG

Die Krise der liberalen Demokratie, der allgegenwärtige Rassismus, der Raubbau an der Natur und die Ausbreitung des Populismus folgen dem Muster einer Selbstabschaffung des Menschen.

Die Leugnung verbindlicher Werte scheint allgegenwärtig. Doch Markus Gabriel macht uns Mut. Er zeigt, warum es nicht verhandelbare, universale Grundwerte gibt, die für alle Menschen gelten und die wir wieder zur Basis unseres Verhaltens machen müssen, um allen ein gutes Leben zu ermöglichen.

»Einer der wichtigsten deutschen Philosophen der Gegenwart«
Süddeutsche Zeitung

Fatma Aydemir
Hengameh Yaghoobifarah
(Hrsg.)

Eure Heimat ist
unser Albtraum

Fatma Aydemir
Hengameh Yaghoobifarah (Hrsg.)

Eure
Heimat ist
unser
Albtraum

Mit Beiträgen von
**Simone Dede Ayivi, Max Czollek,
Olga Grjasnowa, Enrico Ippolito,
Sharon Dodua Otoo, Reyhan Şahin,
Sasha Marianna Salzmann,
Mithu Sanyal, Nadia Shehadeh,
Margarete Stokowski, Deniz Utlu,
Vina Yun**

ullstein

Taschenbuch.
Auch als E-Book erhältlich.
www.ullstein.de

*»Das sind die Stimmen, die wir hören müssen. Damit
es in diesem Land nicht noch finsterer wird.«*
Margarete Stokowski

Was bedeutet es, sich bei jeder Krise im Namen des gesamten Heimatlandes oder der Religionszugehörigkeit
der Eltern rechtfertigen zu müssen? Wie viel Vertrau-
en besteht nach dem NSU-Skandal noch in die Sicher-
heitsbehörden? Und wie wirkt sich Rassismus auf die
Sexualität aus?

Dieses Buch ist ein Manifest gegen Heimat. 14 Autor_
innen geben in persönlichen Essays Einblick in ihren
Alltag und halten Deutschland den Spiegel vor: einem
Land, das sich als vorbildliche Demokratie begreift und
gleichzeitig einen Teil seiner Mitglieder als »anders«
markiert, kaum schützt oder wertschätzt.

ullstein